敦煌文獻整理導論
上冊

張涌泉 著

總序

　　浙江，我國「自古繁華」的「東南形勝」之區，名聞遐邇的中國絲綢故鄉；敦煌，從漢武帝時張騫鑿空西域之後，便成為絲綢之路的「咽喉之地」，世界四大文明交融的「大都會」。自唐代始，浙江又因絲綢經海上運輸日本，成為海上絲路的起點之一。浙江與敦煌、浙江與絲綢之路因絲綢結緣，更由於近代一大批浙江學人對敦煌文化與絲綢之路的研究、傳播、弘揚而令學界矚目。

　　近代浙江，文化繁榮昌盛，學術底蘊深厚，在時代進步的大潮流中，湧現出眾多追求舊學新知、西學中用的「弄潮兒」。二十世紀初因敦煌莫高窟藏經洞文獻流散而興起的「敦煌學」，成為「世界學術之新潮流」；中國學者首先「預流」者，即是浙江的羅振玉與王國維。兩位國學大師「導夫先路」，幾代浙江學人（包括浙江籍及在浙工作生活者）奮隨其後，薪火相傳，從趙萬里、姜亮夫、夏鼐、張其昀、常書鴻等前輩大家，到王仲犖、潘絜茲、蔣禮鴻、王伯敏、常沙娜、樊錦詩、郭在貽、項楚、黃時鑒、施萍婷、齊陳駿、黃永武、朱雷等著名專家，再到徐文堪、柴劍虹、盧向前、吳麗娛、張涌泉、王勇、黃征、劉進寶、趙豐、王惠民、許建平以及馮培紅、余欣、竇懷永等一批更年輕的研究者既有共同的學術追求，也有各自的學術傳承與治學品格，在不同的分支學科園地辛勤耕耘，為國際「顯學」敦煌學的發展

與絲路文化的發揚光大作出了巨大貢獻。浙江的絲綢之路、敦煌學研究者，成為國際敦煌學與絲路文化研究領域舉世矚目的富有生命力的學術群體。這在近代中國的學術史上，也是一個值得關注的現象。

　　始創於一八九七年的浙江大學，不僅是浙江百年人文之淵藪，也是近代中國社會科學與自然科學英才輩出的名校。其百年一貫的求是精神，培育了一代又一代腳踏實地而又敢於創新的學者專家。即以上述研治敦煌學與絲路文化的浙江學人而言不僅相當一部分人的學習、工作與浙江大學關係緊密而且每每成為浙江大學和全國乃至國外其他高校、研究機構連結之紐帶、橋梁。如姜亮夫教授創辦的浙江大學古籍研究所（原杭州大學古籍研究所），一九八四年受教育部委託，即在全國率先舉辦敦煌學講習班，培養了一批敦煌學研究骨幹；本校三代學者對敦煌寫本語言文字的研究及敦煌文獻的分類整理，在全世界居於領先地位。浙江大學與敦煌研究院精誠合作在運用當代信息技術為敦煌石窟藝術的鑑賞、保護、修復、研究及再創造上，不斷攻堅克難，取得了舉世矚目的成就，拓展了敦煌學的研究領域。在中國敦煌吐魯番學會原語言文學分會基礎上成立的浙江省敦煌學研究會，也已經成為與甘肅敦煌學學會、新疆吐魯番學會鼎足而立的重要學術平臺。由浙大學者參與主編同浙江圖書館、浙江教育出版社合作編撰的《浙藏敦煌文獻》於二十一世紀伊始出版，則在國內散藏敦煌寫本的整理出版中起到了領跑與促進的作用。浙江學者倡導的中日韓「書籍之路」研究，大大豐富了海上絲路的文化內涵，也拓展了絲路文化研究的視野。位於西子湖畔的中國絲綢博物館，則因其獨特的絲綢文物考

析及工藝史、交流史等方面的研究優勢，並以它與國內外眾多高校及收藏、研究機構進行實質性合作取得的豐碩成果而享譽學界。

現在，我國正處於實施「一帶一路」偉大戰略的起步階段，加大研究、傳播絲綢之路、敦煌文化的力度是其中的應有之義。這對於今天的浙江學人和浙江大學而言，是在原有深厚的學術積累基礎上如何進一步傳承、發揚學術優勢的問題，也是以更開闊的胸懷與長遠的眼光承擔的系統工程，而決非「應景」、「趕時髦」之舉。近期，浙江大學創建「一帶一路」合作與發展協同創新中心，舉辦「絲路文明傳承與發展國際學術研討會」，都是在新的歷史條件下邁出的堅實步伐。現在，浙江大學組織出版這一套學術書系，正是為了珍惜與把握歷史機遇，更好地回顧浙江學人的絲綢之路、敦煌學研究歷程，奉獻資料，追本溯源，檢閱成果，總結經驗，推進交流，加強互鑑，認清歷史使命，展現燦爛前景。

浙江學者絲路敦煌學術書系編委會

2015 年 9 月 3 日

出版
説明

本書系所選輯的論著寫作時間跨度較長，涉及學科範圍較廣，引述歷史典籍版本較複雜，作者行文風格各異，部分著作人亦已去世，依照尊重歷史、尊敬作者、遵循學術規範、倡導文化多元化的原則，經與浙江大學出版社協商，書系編委會對本書系的文字編輯加工處理特做以下說明：

一、因內容需要，書系中若干卷採用繁體字排印；簡體字各卷中某些引文為避免產生歧義或詮釋之必須，保留個別繁體字、異體字。

二、編輯在審讀加工中，只對原著中明確的訛誤錯漏做改動補正，對具有時代風貌、作者遣詞造句習慣等特徵的文句，一律不改，包括原有一些歷史地名、族名等稱呼，只要不存在原則性錯誤，一般不予改動。

三、對著作中引述的歷史典籍或他人著作原文，只要所注版本出處明確，核對無誤，原則上不比照其他版本做文字改動。原著沒有註明版本出處的，根據學術規範要求請作者或選編者盡量予以補註。

四、對著作中涉及的敦煌、吐魯番所出古寫本，一般均改用通行的規範簡體字或繁體字，如因論述需要，也適當保留了一些原寫本中

的通假字、俗寫字、異體字、借字等。

　　五、對著作中涉及的書名、地名、敦煌吐魯番寫本編號、石窟名稱與序次、研究機構名稱及人名，原則上要求全卷統一，因撰著年代不同或需要體現時代特色或學術變遷的，可括注説明；無法做到全卷統一的則要求做到全篇一致。

書系編委會

目次

走近敦煌

一

我曾屬於被耽誤的一代。上大學前，下過鄉，幹過搬運工，做過磚瓦匠，當過代課教師。這段時間艱苦生活的磨練，使我懂得珍惜，培養了我堅韌耐勞的品格。一九七七年，我趕上了「文革」後高考的首班車，成了被耽誤一代中的「幸運兒」。更幸運的是，上大學以後，我碰到了許許多多的好老師。在杭州大學讀本科時，我們古代漢語課的任課老師是郭在貽先生，他激起了我對古代語言文字的濃厚興趣；我大學畢業論文的指導老師是蔣禮鴻先生，他使我知道了什麼叫敦煌變文和俗語詞；一九八四年，已屆而立之年的我又考上了杭州大學碩士研究生，導師是郭在貽老師，他引領我走向了「敦煌」。

二十世紀八〇年代，在蔣禮鴻先生的影響下，郭老師的研究方向轉向了以俗字和俗語詞研究為核心的敦煌語言文字研究，並發表了《唐代白話詩釋詞》等一系列論文。在郭師的影響和薰陶下，我也對敦煌學研究產生了濃厚的興趣和深深的迷戀。一九八五年暑假，我出差去上海，隨身攜帶了王重民等編的《敦煌變文集》上下冊，有空就讀上

幾篇。很快我就發現該書校勘方面存在著不少問題。其中有些前賢已經指出，有些則沒有指出。當時我想，造成這麼多問題的原因何在？其間有沒有一些規律性的東西可以總結？回杭州後，我向郭師談了自己的想法。郭師頷首點贊，他要我分條寫成專文。後來郭師因病住院，在病床上，郭師仍不時地關心著文章的寫作情況。每寫成一條，就讓我讀給他聽。後來病情稍有好轉，郭師就讓我帶上文章的初稿，陪他到醫院外面走走。洪春橋邊的茶室，植物園中的小亭，飛來峰下的石磯，郭師抱病為我審讀論文的情景，今天仍歷歷在目。這篇題為《敦煌變文校讀釋例》的文章寫成後，郭師專門寫了一篇評語，對我這篇今天看來並不成熟的論文，給予了很高的評價，體現了郭師對我們年輕一代的熱情扶持和殷切期望。在郭師的大力舉薦下，後來這篇長達三萬餘字的論文分上下篇分別在《杭州大學學報》和《敦煌學輯刊》上發表了，對一個初出茅廬的年輕學子來說，那是多大的鼓舞啊！

　　一九八六年夏天，我完成了兩年的研究生學習。由於郭師力薦，我得以留校任教，從而正式踏上了我至今仍深愛著的敦煌學研究道路。

二

　　在撰寫《敦煌變文校讀釋例》一文的過程中，我曾把《敦煌變文集》中的一些疑點與敦煌變文的寫本原卷（縮微膠卷）核對了一遍，結果發現該書的疏誤大多與編者的誤錄有關；而當時發表的大量校勘、詞語考釋的論著大都依據《敦煌變文集》的錄文，沒能核對敦煌寫本原卷，以致郢書燕説的例子舉不勝舉。而且這些論文散在報刊，讀者查檢不便，不利於研究工作的深入開展。如能彙輯各家校説，並核對敦煌寫本原卷，編輯一個敦煌變文的新校本，那該有多好啊！我和郭師談了我的想法，郭師亟表讚許。由於這一項目規模很大，正好

當時黃征師弟也在郭師的指導下從事王梵志詩校勘方面的研究，熟知敦煌文獻，於是郭師便決定由我們三個人合作，一起來做這項工作。

一九八七年四月，在杭州富陽舉行的中國訓詁學研究會年會上，郭師正式提出了編著《敦煌變文匯校》一書的設想，在學術界引起了廣泛的反響。呂叔湘、項楚、王鍈等著名學者都對我們的工作表示積極的支持。後來郭師又和我們一起討論，提出編著《敦煌變文集校議》和《敦煌吐魯番俗字典》二書的計劃，這樣，加上《敦煌變文匯校》，就是郭師和我們合作撰著的「敦煌學三書」。

「三書」的設想和寫作步驟大致是這樣的：在前人校勘的基礎上，通過核對敦煌寫本原卷，對《敦煌變文集》的失誤逐篇寫出補校論文，在刊物上公開發表，廣泛徵求意見，然後加以修改並系統化，形成《敦煌變文集校議》一書；在《敦煌變文集》的基礎上，增補其所未備，彙輯各家校說，並以己意加以按斷，形成集大成的《敦煌變文匯校》一書；廣泛調查蒐集敦煌、吐魯番寫本中的俗字，並與傳世字書、碑刻等文獻中的俗字材料相印證，上討其源，下窮其變，勾勒出每個俗字的淵源流變，形成《敦煌吐魯番俗字典》一書。

一九八七年春夏之交，「三書」的第一種《敦煌變文集校議》的撰著工作正式啟動。我們首先複印了所有當時能蒐集到的敦煌變文研究方面的論著，並把與校勘有關的部分按《敦煌變文集》的頁碼順序逐篇逐句逐字剪貼彙輯在一起；然後我和黃征冒著酷暑，用整整一個暑假的時間，藉助閱讀器把《敦煌變文集》所收變文與寫本縮微膠卷核對一過，並做了詳細記錄。在此基礎上，我們便開始逐篇撰寫補校論文。我們三人的分工情況是這樣的：黃征負責《敦煌變文集》上冊各篇補校論文的撰寫，我負責下冊各篇補校論文的撰寫，初稿完成後，互相交換校閱一過，再呈交郭師審閱，最後由執筆人寫定。

在郭師的悉心指導和直接參與下，《敦煌變文集校議》的寫作進行得相當順利。一九八八年初，即已有多篇論文寄交各刊物發表。一九八八年五月二十日，郭師在寫給西北師大趙逵夫教授的信中說：「弟與張、黃兩位青年朋友合作撰寫的敦煌學三書，其中《敦煌變文集校議》一稿將於年底蕆工，全稿約三十萬字。此稿專談我們自己的看法，自信不無發明，其中俗字和俗語詞的考釋方面，尤多獨得之秘。」

一九八九年初，正當《敦煌變文集校議》全書即將完稿的時候，敬愛的導師匆匆離開了我們，這使我們感到無限的悲痛。郭師在留給我們的遺囑中寫道：

涌泉、黃征：

匆匆地告別了，萬分惆悵。你們要努力完成我們的科研規劃，爭取把三本書出齊，以慰我在天之靈。有件事拜託你們：請把我未收入《訓詁叢稿》的文章蒐集起來，編一個續集，過幾年後爭取出版（現在當然不可能），為的是賺點兒稿費，以貼補我的家屬，我個人則無所求也。

在病床上，郭師又多次和我們談起「三書」的撰著、出版，其情其景，催人淚下。

完成郭師的遺願，當然是我們弟子義不容辭的責任。在許多郭師生前認識的不認識的朋友的關心和幫助下，我們把郭師的遺稿整理結集為《郭在貽語言文學論稿》《郭在貽敦煌學論集》《郭在貽文集》《新編訓詁叢稿》，先後由浙江古籍出版社、江西人民出版社、中華書局、浙江大學出版社出版。「敦煌學三書」的第一種《敦煌變文集校議》一九八九年底定稿以後，次年十一月即由岳麓書社出版。該書後來評獲

北京大學王力語言學獎和國家新聞出版署首屆古籍整理圖書獎。

　　一九八九年下半年，《敦煌變文集校議》向出版社交稿後，我和黃征便開始把主要精力集中到《敦煌變文匯校》（後易名為《敦煌變文校注》）上來。考慮到敦煌變文寫本多俗字、俗語詞，此類字詞，識解匪易；字典辭書，又多告闕如；而以往校錄的失誤又往往與這類字詞有關，要糾正這種失誤必須指出失誤的原因，才能使讀者信服，所以我們決定在匯校的同時，適當增加一些注的內容，對那些字面生澀而義晦或字面普通而義別的俗字、俗語詞酌加箋釋，以便讀者。姜亮夫先生在序中稱《敦煌變文校注》「重在俗字、俗語詞之詮釋，以俗治俗，勝義紛綸」，可以說在一定程度上指出了該書的特色所在。這也是我們後來把書名由「匯校」改為「校注」的原因所在。《敦煌變文校注》的另一個特色在於「匯校」。我們把當時所能見到的與敦煌變文校勘有關的一百多篇（部）論文（著作）中的重要成果全部薈萃其中，並加以自己的按斷，既免讀者翻檢之勞，又不難得出各家校說的優劣短長所在。姜序稱該書「為敦煌變文校理之集成之作」，自然也非虛言。另外，我們在逐字逐句校核敦煌變文寫本原卷的同時，還注意歸納總結敦煌寫本的書寫特例，並自覺用這種特例去指導敦煌變文的校勘工作，從而糾正了前人在這方面的不少疏誤。

　　《敦煌變文校注》的撰寫和排錄，花了我和黃征五六年的時間。一九九七年五月，這部一六〇多萬字的著作由中華書局正式出版，得到學術界較高的評價，並先後評獲新聞出版署優秀古籍整理圖書獎一等獎、第四屆國家圖書獎提名獎和首屆國家社科基金項目優秀成果三等獎，後來又被國家新聞出版廣電總局、全國古籍整理出版規劃領導小組評為建國以來首屆向全國推薦的優秀古籍整理圖書。「三書」的另一種《敦煌吐魯番俗字典》則後來由黃征編纂了《敦煌俗字典》，我主編

的規模更大的《敦煌異體字大字典》則仍在資料蒐集之中。

三

二十世紀八〇年代末九〇年代初的三四年，是我的心情最感到鬱悶的幾年。很長一段時間，我難以從遽失恩師的悲痛中擺脫出來。當時的我，有如漫漫風雪中失群的羔羊，不知道路在何方。

正在我迷惘困頓之際，項楚先生伸出了救援之手，使我重又燃起了求學的火焰。項師研究古典文學出身（他是「文革」前古典文學專業畢業的研究生）但他深厚的小學根柢和廣博的古典文獻（尤其是佛教文獻）學養同樣令人驚嘆。他的《敦煌變文選注》《王梵志詩校注》《敦煌文學叢考》等著作蜚聲海內外學術界，從而當之無愧地在敦煌俗文學作品的研究中居於世界領先水平。郭師生前就曾不止一次地對我們說過，在敦煌變文和王梵志詩的研究方面，當推項楚為第一人。作為一個正處在迷途中的敦煌學愛好者來說，還有什麼能比到項師的身邊學習更幸運的呢！一九九二年春，在項師的鼓勵下，我參加了四川大學的博士生入學考試，並榮幸地被錄取了。一九九三年初，在一個陰冷的春日，年屆不惑的我揮別杭州，踏上了「難於上青天」的巴蜀之路。我當時的心境，套用一句古話，真有幾分「風蕭蕭兮易水寒，壯士一去兮不復還」的悲壯色彩。

成都的天總是陰沉沉的，但我那鬱積多年的心卻豁然開朗了。在川大，我感受到的到處都是溫暖的陽光。面對許許多多的愛，我也渴望著用「燦爛」來回報。我用屈原《橘頌》「深固難徙，更壹志兮」的名言來勉勵自己，而不敢稍有懈怠。一九九三年十月，我在拙著《漢語俗字研究》的後記中把自己所住的學生宿舍稱為「自樂齋」，雖出於一時戲言，也表明了自己獻身於祖國傳統文化研究的信心和決心。

辛勤的汗水，換來的是豐厚的回報。在川大不到兩年的讀書時間裡，除撰寫了一些單篇論文外，我還完成了三十萬字的《漢語俗字研究》以及近七十萬字的《敦煌俗字研究》的初稿。當然，這兩部書的寫作經過了較長時間的醞釀和資料的準備。二十世紀八〇年代初，我在閱讀敦煌卷子的過程中，發現其中有許多殊異於後世刻本的特點，其中最重要的就是俗體字多。但由於種種原因，俗體字的研究是我國文字研究中最為薄弱的環節，而敦煌俗字的研究更是幾乎等於零。在這種情況下，前人在校錄敦煌文獻時發生這樣那樣的錯誤便是不可避免的了。所以當時我便把研閱的重點放到了俗體字的上面。後來我在郭師的指導下，撰寫了《敦煌變文整理校勘中的幾個問題》《俗字研究與古籍整理》《俗字研究與敦煌俗文學作品的校讀》等一系列與俗字相關的學術論文。當時郭師還對我說，俗字的研究是一個前人不曾措意又十分重要的研究領域，值得下大力氣作更進一步的研究；將來這方面的材料積累多了，可以考慮寫一部概論性的著作。《漢語俗字研究》的寫作，就是遵從郭師的遺囑從一九九二年初開始著手進行的。該書作為入選國家古籍整理出版規劃小組主編的《中國傳統文化研究叢書》第一輯中的唯一的一種語言文字學著作，一九九五年四月由岳麓書社出版後，《中國語文》、《漢學研究》（臺灣）、《大公報》（香港）等報刊紛紛發表評論，稱該書是「迄今為止第一部俗文字學的概論性著作」[1]，「填補了文字學領域的一大段空白」[2]。一九九五年，該書評獲北京大學第六屆王力語言學獎；二〇一三年，該書又榮獲第二屆思勉原創獎。

1　許嘉璐主編《中國語言學現狀與展望》，北京：外語教學與研究出版社，1996 年，第 85-86 頁。

2　石梅《評〈漢語俗字研究〉》，《大公報》1997 年 6 月 24 日。

　　寫一部敦煌俗字研究著作的設想，是在考慮寫《漢語俗字研究》的同時產生的。唐五代是漢語俗字流行的一個高峰，而數以萬計的敦煌寫卷就是這一高峰的實物見證。我試圖通過《漢語俗字研究》從比較宏觀的角度對漢語俗字發生、演變的歷史以及相關的理論問題作出大筆的勾勒；而寫《敦煌俗字研究》的目的則在於通過對唐五代這樣一個俗字流行高峰期的微觀分析，對漢語俗字在某一特定歷史階段孳乳、發展的面貌作出更具體的描述，同時更直接地為敦煌文獻的校勘整理服務。一九八九年，臺灣新文豐出版公司組織國內外學者編寫「敦煌學導論叢書」，項楚師曾推薦讓我來寫「敦煌俗字研究導論」，正與我的研究計劃不謀而合。但當時郭在貽師剛剛去世不久，我還沉浸在失去恩師的巨大悲痛之中。由於種種原因，這個寫作計劃一直未能付諸實施。只是到了川大以後，在項楚師的鼓勵下，我才正式把它當作博士學位論文著手進行。從那以後，我在「自樂齋」裡和敦煌俗字為伴，度過了幾百個「快樂」的日日夜夜。論文的寫作，傾注了項師的許多心血，從論文框架的構建到最後的寫定，項師都給予了悉心的指導，幫我避免了不少疏誤。一九九四年十月，論文提前完成進行答辯。由蔣紹愚、江藍生、楊明照、張永言、趙振鐸、項楚六位博士生導師組成的答辯委員會以及論文評議人都對論文給予了較高的評價，如北京大學周一良教授認為本文「是今後讀敦煌寫本的重要參考，功德無量，與蔣禮鴻先生的《敦煌變文字義通釋》堪稱雙璧」；裘錫圭教授認為本文是「俗字方面的拓荒性著作」；季羨林教授認為本文是作者把四川大學和杭州大學這兩個敦煌學研究中心連繫起來「所產生的優異的成果」。一九九六年十二月，《敦煌俗字研究》由上海教育出版社出版。《中國社會科學》一九九八年第二期發表書評稱該書「是一部規

模宏大、新意迭出的學術專著」[3]。北京大學蔣紹愚教授撰文稱：「張涌泉《漢語俗字研究》《敦煌俗字研究》是兩部開創性的著作，得到學術界很高的評價。」[4]一九九八年，《敦煌俗字研究》評獲教育部第二屆普通高校人文社會科學研究成果一等獎。當然，我深知這些評論和榮譽只是前輩學者對後學的提攜和鼓勵，並不能真實地反映論文所達到的水平，我沒有理由也不應該因此而沾沾自喜。但得知這些評價之後，我自信我近兩年的心血沒有白費，我沒有辜負老師的教誨，一種高度緊張之後的欣慰、輕鬆之感洋溢在我的心間。

四

　　博士畢業以後，何去何從，是擺在我面前的一個新的「課題」。命運之神再一次顯示了她的慷慨和無私，使我有機會到我國的最高學府——北京大學作博士後研究。在北大期間，在合作導師裘錫圭先生的指導下，我完成了一百多萬字的博士後課題《漢語俗字叢考》（中華書局 2000 年），這是我在出版《漢語俗字研究》《敦煌俗字研究》兩部俗字研究理論著作後，在具體疑難俗字考釋方面所做的嘗試，意圖對《康熙字典》以後的大型字典在俗字方面的缺失進行一次總的清算。裘錫圭師評價拙著「立論審慎，創獲極多」，「其成績大大超過了前人」[5]。能得到裘師這樣學界公認的嚴師名師的褒賞，是作為一個學生所能感受到的最大的榮耀。

　　雖然《漢語俗字叢考》也有不少內容涉及敦煌文獻或敦煌俗字，

3　蔣憲平《敦煌語言文字研究的又一碩果》，《中國社會科學》1998 年第 2 期，第 202-204 頁。

4　《近十年間近代漢語研究的回顧與展望》，《古漢語研究》1998 年第 4 期，第 42 頁。

5　北京師範大學《漢字所快訊》1996 年第 3 期「博士後張涌泉的《俗字叢考》獲專家高度評價」，第 10 頁。

但它畢竟不能說是敦煌學方面的著作。在北大求學期間，我有機會得到季羨林、周一良、王永興等著名敦煌學家的關心和教誨（季先生、周先生都是我博士論文的評閱專家，季先生還親自推薦我的論文《敦煌寫卷俗字的類型及其考辨方法》《俗字研究與大型字典的編纂》參評中國社科院青年語言學家獎），也得以與柴劍虹、鄧文寬、趙和平、郝春文、王邦維、榮新江等一批北京的少壯派敦煌學家過從往還，切磋學術。京派敦煌學家淵博宏大的學術氣象，讓我如坐春風，受益匪淺。季先生與杭州大學老校長沈善洪教授私交甚篤，據說季先生曾在多個場合向沈校長推介盧向前、黃征和我這樣一些老杭大的青年學人，於是沈校長記住了我的名字，也因而讓我再次和敦煌學牽手結緣。大約一九九六年初，我從北京回杭州過節，因住處相鄰，我曾和沈校長有過幾次接觸。當時的話題之一是如何發揚杭州大學敦煌學的傳統優勢，推出一些有影響的標誌性的成果。經過一番思考，我提出了編纂「敦煌文獻合集」的設想。對此，沈校長極為贊同，並讓我通知黃征、盧向前、王勇等人，在他家裡一起討論了項目的可行性，並決定儘快上馬。為此，沈校長通過他任評審委員會主任的杭州大學董氏基金會提供了啟動經費，同時又請王勇教授出面爭取日本等海外經費的資助。一九九六年底，在裘師的關心下，《敦煌文獻合集》獲評為教育部全國高校古籍整理研究工作委員會重點項目。

一九九七年初，我博士後出站，面對母校的召喚，我辭別北京的老師和朋友，重新回到了杭州大學任教。從此，《敦煌文獻合集》項目進入了正式實施階段。為保證編纂出版工作的順利進行，杭州大學專門成立了《敦煌文獻合集》工作委員會，沈校長親自出任工作委員會主任。在沈校長的直接主持下，工作委員會曾先後五次召開有關會議，並以學校文件的形式下發了「《敦煌文獻合集》項目工作會議紀

要」，解決了編纂工作中的一些具體問題；校圖書館斥資數十萬元購買了國內外業已出版的絕大多數敦煌文獻方面的出版物，並特闢敦煌學資料中心，由《敦煌文獻合集》課題組負責管理。所有這些，作為一個具體的科研項目來說，也都稱得上是破天荒之舉，從而為編纂工作的順利進行提供了強有力的保證。二〇〇三年，在《姜亮夫全集》出版座談會上，作為《姜亮夫全集》的主編，沈校長在發言中把《敦煌文獻合集》和《姜亮夫全集》的編纂當作他校長離任時未了的兩大心願，其情殷殷，讓人動容，也催人奮發。

正是在沈校長的直接領導下，儘管難度大大出於我們的預期，但《敦煌文獻合集》的編纂工作仍不斷向前推進。二〇〇八年八月，合集的第一部《敦煌經部文獻合集》十一冊六百萬字由中華書局精裝推出。該書出版後，受到學術界很高的評價，日本著名敦煌學家、東京大學教授池田溫先生發表書評稱本書「是一部令人驚嘆的巨著，是敦煌學繁榮昌盛的標誌」[6]，先後評獲浙江省哲學社會科學優秀成果一等獎、中國政府出版獎圖書獎、教育部高等學校人文社會科學研究成果二等獎，並被國家新聞出版廣電總局、全國古籍整理出版規劃領導小組評定為建國以來首屆向全國推薦的優秀古籍整理圖書。現在，我們正在努力推進《敦煌史部文獻合集》和《敦煌子部文獻合集》的編纂工作。

五

在編纂《敦煌文獻合集》的同時，這些年我還在穿插進行其他一些項目，其中比較重要的有《敦煌寫本文獻學》《敦煌文獻語言大詞典》和《敦煌殘卷綴合研究》。

6　日本《東方》第 353 號，2010 年 7 月，第 34-37 頁。

　　我國傳世的古書，宋代以後大多是以刻本的面貌呈現的，因而有
關古書的學問也多以刻本為中心生發展開。清代末葉，敦煌藏經洞被
打開，人們從中發現了大批唐代前後的紙寫本文獻，震動了整個世
界。民國以後，又有吐魯番文書、黑水城文獻、宋元以來契約文書、
明清檔案等眾多紙寫本文獻陸續公諸於世，耀人眼目，寫本文獻的數
量一下充盈起來。於是，逐漸形成了敦煌學、吐魯番學、徽學等一批
與紙寫本文獻相關的學問，在很大程度上改寫了中國學術文化的歷
史。但人們在興奮忙亂之餘，還來不及對寫本文獻的風格、特點進行
系統全面的研究，仍習慣於用刻本的特點去看待寫本，因而整理和研
究不免有所隔閡和誤解。

　　其實寫本文獻與刻本文獻的區別還是挺大的。古書一經刊刻，隨
即化身千百，既促進了書籍的普及，也使古書的內容、格式逐漸被定
型化。而寫本文獻出於一個個單獨的個體，千人千面，本無定式；即
便是那些前人傳下來的古書，人們在傳抄過程中，也往往會根據當時
抄書的慣例和抄手自己的理解加以改造，從而使古書的形制、字體、
內容、用詞、用字、抄寫格式等都會或多或少發生一些變化，都會帶
上時代和抄者個人的烙印。所以寫本文獻的形式和內容富有不同於刻
本的特色，並呈現出參差不一的特點，我們不能用我們熟悉的已經定
型的刻本文獻的觀念去衡量它們。

　　敦煌文獻既以寫本為主體，同樣具有寫本文獻的特點；即便是那
些少量的刻本，由於其處於刻印的早期，傳播範圍有限，內容、格式
的定型其實也還談不上。所以了解和認清敦煌文獻的寫本特點，是正
確校理敦煌文獻的最基礎一環。而且敦煌寫本湮埋一千多年，未經後
代校刻竄亂，保存著唐代前後的原貌，可藉以考見當時寫本的風格、
特點，推尋一代語言之特例。這些，用蔡元培的話來說，就是「可以

得出當時通俗文詞的標本」[7]。一百多年來，研究敦煌學的前輩學者在敦煌文獻的整理方面取得了巨大的成績。但由於先賢們對敦煌寫本的語言和抄寫特例還沒來得及給予足夠的關注，因而難免影響敦煌文獻的校理質量。儘管一些學者已經注意到敦煌文獻的寫本特點，並有所討論，但有關的論述零散而不成系統；臺灣學者林聰明的《敦煌文書學》[8]，是這方面較為系統的著作，但所論多為敦煌寫本的外在形態，而對敦煌文獻整理校勘的實踐著墨不多，討論的深度和廣度似也還有待進一步提升。

正是有鑒於此，筆者從二十世紀八〇年代初便開始留意敦煌寫本文獻語言和書寫特例的鉤稽和歸納，並在郭在貽師的指導下，撰作了以「敦煌變文校讀釋例」為題的碩士論文，對變文寫本的用字、用詞特點及標識符號等都有所論列。當時論文的評閱專家之一貴州大學王鍈教授曾給郭師寫信，他說：「涌泉同志此作，已刊部分前承他惠贈一份，已拜讀一過。此次重點是讀未刊部分。具體意見已見所附表格，所未盡者，深感『強將手下無弱兵』、『後生可畏』二語之不虛耳。所論二十四節，實可視作古白話文獻研究之《古書疑義舉例》，倘能擴而充之，勒成一書，自可造福同行，衣被後學，不知吾兄以為然否？」[9] 正是在郭師的期許和王鍈先生的鼓勵下，此後的二十多年中，儘管有其他科研任務的壓力，但撰作一部敦煌寫本文獻通論性著作的願望始終縈迴在我的心頭，並且忙裡偷閒，時不時做一些材料的蒐集和整理工作。後來又以此為中心，給博士生、碩士生在課堂上講授過多次。

7 見《敦煌掇瑣》序，《敦煌叢刊初集》第 15 冊，臺北：新文豐出版公司，1985 年，第 3 頁。

8 《敦煌文書學》，臺北：新文豐出版公司，1991 年。

9 王鍈先生 1987 年 9 月 16 日致郭在貽師函。

教學相長，師生間的討論乃至爭論也對我多有啟發。二〇一三年底甘肅教育出版社出版的拙著《敦煌寫本文獻學》，就是這三十多年來自己在敦煌文獻整理、研究和教學的過程中，對敦煌寫本文獻語言和書寫特例鉤稽探討的結晶。全書共分緒論、字詞、抄例、校例四編，凡二十章，試圖對敦煌寫本的語言特點和書寫特例進行系統全面的歸納和總結，建構敦煌寫本文獻學的理論體系。該書出版後，頗得各方好評。首都師範大學特聘教授、中國文化遺產研究院研究員鄧文寬稱許該書「獨樹一幟，博大精深」[10]；日本關西大學玄幸子教授稱其為「反映百年來敦煌學研究成果的集大成著作」[11]；敦煌研究院網站載文稱「全書內容厚重、資料翔實、例證豐富，並能引人投入其中以見學術的魅力、敦煌學的魅力、文獻學的魅力」。

六

《敦煌文獻語言大詞典》的編纂也是我這二十多年來念茲在茲的宏願。

如眾所知，總數達六萬多件的敦煌寫卷，佛教文獻占了絕大多數，但其中也包含有大批久已失傳的中國人造的所謂「疑偽經」，此外還有相當數量的通俗文學作品和案卷契約等社會經濟文書。由於這些寫經和文書的「民間」或「半民間」性質，從而為口頭語詞「施展身手」展示了廣闊的天地。我們隨便打開一個敦煌寫卷，無論是佛教的還是世俗的，往往都可見到若干口語的成分。由於這些口頭語詞的方俗性質，加上時過境遷，我們今天理解它們的難度往往要比「雅言」大得

10　鄧文寬《一部敦煌學者的必讀之作》，《敦煌研究》2015 年第 2 期，第 130-135 頁。

11　玄幸子《敦煌寫本研究的必讀書》，日本《東方》第 406 號，2014 年 12 月，第 24-27 頁。

多。所以在校理以口語為主體的敦煌文獻時，對唐代前後口頭語詞的了解和把握，就是一個必備的條件。正是有鑒於此，早在二十世紀五〇年代，蔣禮鴻師就撰作了劃時代的名著《敦煌變文字義通釋》，對變文中的一些他認為「不容易知道它的意義」的語詞從縱橫兩方面進行了「通釋」，為正確校讀、理解變文的意思作出了極大的貢獻。後來他又帶領包括筆者在內的他的幾位學生編纂了《敦煌文獻語言詞典》，收詞的範圍略有擴大。在蔣先生的影響下，當年郭在貽師、項楚師等一批中年學者及不少年輕學子也陸續加入到敦煌文獻語詞考釋的隊伍中來，不但範圍多所拓展，成果亦頗可觀。

筆者二十世紀八〇年代初在蔣禮鴻師的指導下撰寫「《太平廣記》引書考」的本科畢業論文，就對俗語詞產生了濃厚的興趣。後來在郭在貽師的指導下撰寫「敦煌變文校讀釋例」的碩士學位論文，更是有不少篇幅直接與敦煌文獻的口頭語詞有關。我在該文開篇中寫道：「清末在敦煌石室發現的變文，是唐五代間的民間文學作品，它的作者和傳抄者，大多是處於社會底層的『下里巴人』；它的語言，也大抵是當時的口語，其中俗字、別字、俗語詞之多，保存口語材料之豐富，實為它書所未有。它對於推究古今語音演變之軌跡，考索宋元白話之沿溯，都有重大的參考價值。」可以說，當時自己對敦煌文獻口頭語詞研究的意義已有了一定的認識。一九八六年研究生畢業後，郭在貽師引領我和黃征師弟合作撰著「敦煌學三書」，更是直接和敦煌俗字、俗語詞研究結下了不解之緣。二十世紀九〇年代初，我有幸陪侍蔣禮鴻師主編的《敦煌文獻語言詞典》編寫者末列，其中一些條目就是自己前一階段學習、研究敦煌文獻俗語言的結晶。

在此後撰作《敦煌變文校注》《敦煌文獻合集》等著作的過程中，特別是二十世紀九〇年代中有幸跟隨項楚師研習敦煌文獻語言文學的過程中，耳濡目染，我對敦煌文獻口頭語詞研究的意義及對敦煌文獻

校理的價值有了更深刻的認識。但此前的敦煌文獻語詞考釋論著所釋對象基本上侷限於變文、王梵志詩、歌辭等通俗文學作品，而數量更為龐大的敦煌社會經濟文獻（民間契約、判詞、發願文、書儀）、佛教文獻、道教文獻卻基本上沒有得到注意。另外，敦煌文獻中還有一些貼近生活、注重實用的通俗辭書，是當時語言面貌的真實記載，不僅對了解唐代前後的社會經濟、生活、風俗等大有幫助，而且以俗治俗，對校讀以口語為主體的敦煌俗文學作品和社會經濟文書可收左右逢源之效。但這些辭書也多未入前人法眼。正是因為存在這種種的侷限，使得我們對敦煌文獻的校讀還頗有隔閡，對一些方俗詞語的詮釋尚多誤解。加上已有的敦煌文獻詞語考釋成果大多散布在報刊雜誌或專著的行文之中，讀者尋檢利用不便。很有必要在彙集前賢成果的基礎上，把詞語收集考釋的範圍擴大到所有敦煌文獻，編纂一部集大成的敦煌文獻語詞詞典。二〇〇〇年，我申報的「敦煌文獻語言大詞典」獲批為教育部人文社科基地重大項目。於是，這一醞釀已久的科研計劃正式啟動。原以為這樣一個項目要不了三五年即可完成。承蒙四川辭書出版社的厚愛，早在二〇〇〇年，我便和該社簽訂了出版協議，約定二〇〇四年交稿付排。但由於一些敦煌文獻資料刊布時間的滯後和詞條蒐集、合成寫定等環節意想不到的困難，加上不斷有其他科研任務的干擾，原定交稿的時間不得不一再推延。現在，經過十多年持續不斷的努力，全書終於進入了最後的寫定階段。至於全書出版，則仍有待時日。在此謹向參與詞條撰寫的各位朋友表示衷心的感謝，也向為出版本書付出了最大耐心的四川辭書出版社表示深切的歉意和謝意。

六

　　敦煌寫本殘卷的綴合研究引起我的注意，則可以說是一個「意外」。由於人為的或自然的原因，敦煌文獻中一個寫卷撕裂成兩件或多

件的情況屢見不鮮，乃致四分五裂，身首異處，給整理和研究帶來了極大的困難。正如姜亮夫先生所說：「敦煌卷子往往有一卷損裂為三卷、五卷、十卷之情況，而所破裂之碎卷又往往散處各地：或在中土、或於巴黎、或存倫敦、或藏日本，故惟有設法將其收集一處，方可使卷子復原。而此事至難，欲成不易。」[12]這種「骨肉分離」的情況，不但不利於寫卷的整理與研究，也嚴重干擾了殘卷的正確定名和斷代。也正因為如此，敦煌殘卷的綴合成了敦煌文獻整理研究「成敗利鈍之所關」的基礎工作之一，姜先生說：「卷子為數在幾萬卷，很多是原由一卷分裂成數卷的，離之則兩傷，合之則兩利，所以非合不可。」但由於種種原因，以往敦煌殘卷的綴合工作零散而不成系統，從而對進一步的整理和研究造成了嚴重的影響。

在《敦煌文獻合集》的編纂過程中，我也逐漸意識到了敦煌寫本殘卷綴合的重要性，並先後發表了《俄敦 18974 號等字書碎片綴合研究》[13]《敦煌殘卷綴合研究》[14] 等論文，我的專著《敦煌寫本文獻學》也辟有專章討論敦煌殘卷的綴合問題。近幾年，我還專門為研究生開設了敦煌殘卷綴合課，並指導他們進行具體的綴合實踐。二〇一四年，我申報的「敦煌殘卷綴合研究」項目獲批為國家社科基金重點項目，為這項工作的全面推進創造了條件。目前我帶領的科研團隊已發現大批可以綴合的寫卷，部分綴合成果並已陸續在刊物上發表。當看到因種種原因撕裂在不同國家、不同館藏的珍貴寫卷而今在我們的筆下重又「團聚」在一起的時候，我們的心中充滿了感動和喜悅。

從敦煌變文的校理到敦煌文獻的系統整理，從敦煌俗字的辨識到

12　陶秋英纂輯、姜亮夫校讀《敦煌碎金》導言，杭州：浙江古籍出版社，1992 年，第 2 頁。下同。

13　《浙江大學學報》2007 年第 3 期，第 26-35 頁。

14　《文史》2012 年第 3 輯，第 313-330 頁。

敦煌文獻語言大詞典的編纂，從敦煌變文寫本特點的探索到敦煌寫本文獻學學術體系的建構以及敦煌殘卷的綴合，雖然我已在敦煌學的道路上耕耘了三十多個春秋，我的學術生命已和敦煌融為一體，但在博大精深百科全書式的敦煌學領域，我仍不敢說已然走入，而只能說正在走近。在未來的歲月裡，我願意繼續在狹長的河西走廊跋涉，並期待著有一天能真正無限接近「敦煌」。

張涌泉

2015 年 8 月 25 日於臨安

第一編　定名論

壹

敦煌文獻定名研究

　　敦煌文獻中殘卷或殘片的比例相當大，沒有題名者不在少數；即使相對完整的文本，也常有缺題的情況；部分寫卷雖有題名，但也每每存在題名歧異的情況。所以如何為寫卷定名是敦煌文獻整理研究的先行工作之一，也是「敦煌寫本研究中的最大難題之一」[1]。

一、原有篇題的擇定

　　部分敦煌文獻原本是有篇題的，但這些有篇題的文獻，往往也存在著如何確定篇名的問題。其中以下幾種情況是應須予以注意的：

（一）前後題不一

　　敦煌文獻有前後題不一的，如 P.3645 號有「前漢劉家太子」故事一種，原卷首題「前漢劉家太子傳」，尾題「劉家太子變一卷」。又如 S.2614 號、P.2319 號皆有演繹目連冥間救母故事一種，首題「大目乾連

1　榮新江《〈英藏敦煌文獻〉定名商補》，《文史》2000 年第 3 輯，第115 頁。

冥間救母變文一卷」，尾題「大目犍連變文一卷」（P.3107 號略同，但尾題「大目犍連」作「大目乾連」）。

（二）異本題名不一

同一文獻的不同抄本也有題名不一的情況，如敦煌文獻中有演繹元魏慧覺譯《賢愚經·波斯匿王女金剛品》「金剛醜女」故事的寫本若干種，內容基本相同，但 S.4511 號首題「金剛醜女因緣一本」；P.3048 號首題「醜女緣起」，卷末有「上來所說醜變」字樣；S.2114 號首題「醜女金剛緣」；P.2945 號首題「金剛醜女緣」：各本題名有「金剛醜女」與「醜女」、「醜」、「醜女金剛」和「因緣」與「緣起」、「變」、「緣」的差異。又如上舉目連冥間救母故事，除同本前後題「大目乾連冥間救母變文一卷」、「大目犍連變文一卷」之別外，異本 P.3485 號首題「目連變文」；北 7707 號（盈 76）尾題「大目犍連變文一卷」，又有「寫畫此目連變一卷」字樣。

同本前後題不一或異本題名不一的現象，或因全稱與簡稱之異（如「大目乾連冥間救母變文」與「大目乾連變文」、「目連變文」、「目連變」），或因稱名之異（如「前漢劉家太子傳」與「劉家太子變」，「金剛醜女因緣」與「金剛醜女緣」、「醜女緣起」、「醜變」），或因用字或詞序之異（如「大目犍連變文」與「大目乾連變文」，「醜女金剛緣」與「金剛醜女緣」），都和這些文獻作為寫本在民間流傳，內容還沒有定型有關。我們今天在定名時，就必須充分考慮到敦煌寫本文獻的這一特點，破除篇題表面歧異的迷障，把那些內容相同而名稱不同的文獻歸併在一起，並賦予一個最恰當的名稱。如下舉二例：

S.4654 號殘卷，首全尾缺，首題「舜子變一卷」；P.2721 號殘卷，首缺尾全，尾題「舜子至孝變文一卷」。雖然二本題名不一，但內容大致先後銜接，我們有理由認定它們是同一文獻的不同抄本，正如同前

舉「大目乾連冥間救母變文」可以簡稱作「目連變」一樣，「舜子變」
應是「舜子至孝變文」的簡稱，原名當據 P.2721 號定作「舜子至孝變
文」為適當。而今的整理研究者類皆根據《敦煌變文集》題作「舜子
變」，其實是不妥當的。

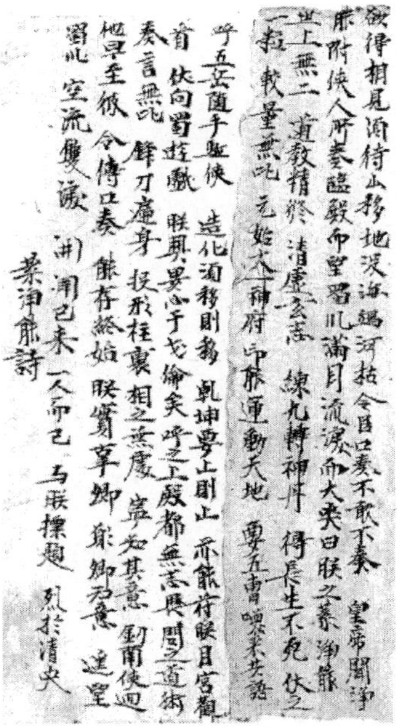

▲ 圖 1

　　又 S.6836 號，首尾俱全，卷首無題，但卷末有「葉淨能詩」字樣
（圖1）《敦煌變文集》據以題全篇作「葉淨能詩」。但以體裁而言，原
文非詩，而屬話本小說，故論者或致疑焉。任二北、胡士瑩以原題為
「葉淨能傳」之誤；李正宇又以為「葉淨能書」之誤，《英藏敦煌文獻》
從之。其實原卷尾題「葉淨能詩」乃僅指卷末「朕之葉淨能，世上無
二」以下一段詩讚而言，而非全篇標題。[2]《敦煌遺書總目索引》擬題

2　參看《敦煌變文校注》，北京：中華書局，997 年，第 341 頁校注〔一〕。

「葉淨能小說」，黃永武《敦煌遺書最新目錄》《敦煌遺書總目索引新編》
從之，是也。

（三）注疏演繹之作沿用原名

秦漢以來，古書注疏演繹之作興起，這些附有注疏的著作，寫本
時代往往仍沿用原來的書名。如北敦 14681 號《古文尚書傳》（擬），
起《堯典》「九族既睦，平章百姓」偽孔傳「言化九族而平和章明」之
「九族」，至《舜典》末，尾題「尚書卷第一」，有偽孔安國傳，但孔傳
信息原卷書名未予標出。又 P.2643 號《古文尚書傳》（擬），起《盤庚
上》「丕乃敢大言」之「乃」，訖《微子》篇末，尾題「古文尚書第
乂」，有偽孔安國傳，但孔傳信息原卷書名亦未予標出。

又如 P.2681 號何晏《論語集解》（擬），卷首卷末皆題「論語卷弟
一」，原卷書名未標出何晏集解。又 S.782 號、P.2620 號何晏《論語集
解》（擬），S.782 號卷首題「論語卷第六」，P.2620 號卷末題「論語卷
第六」，原卷書名亦未標出何晏集解。

又如臺北「中央圖書館」藏《盂蘭盆經講經文》（擬），首殘尾全，
係據《盂蘭盆經》演繹的講經文，但尾題仍作「盂蘭盆經」。Φ.96 號
《雙恩記》，首尾皆有殘缺，共存三大段，係分別據《大方便佛報恩經》
序品第一、惡友品第六演繹。第一大段首題「雙恩記第三」；第二大段
首題「雙恩記弟七」，末題「佛報恩經弟七」；第三大段首題「報恩經
弟十一」，末題「佛報恩經弟十一」。本篇亦係講經文，但文中仍一再
沿用經本原名。

對這些附有注疏的著作，我們今天定名時自然需要把「注疏」的
信息在書名中予以反映。但現時的一些敦煌文獻館藏目錄或書目，往
往僅據寫卷的前後題定名，那顯然是不妥當的。

附帶指出，部分敦煌寫本中有在流散過程中近人後加的題名，如

英藏敦煌文獻中不少卷子上有斯坦因的中文翻譯蔣孝琬擬加的標題，這些標題可供參考，但未必準確，擇用時必須謹慎。如 S.328 號有「伍子胥變文」一種，原卷無題，但卷背有「列國傳」字樣論者或徑據題作「列國傳」[3]。其實此題乃蔣孝琬所加，本非原題。正如向達《記倫敦所藏的敦煌俗文學》一文所說：「伍子胥一卷紙背有《列國傳》的標目，以前我以為是原題。最近看到原本才知道是斯坦因的書啟師爺蔣孝琬加的，不足為據。」[4]

二、前賢擬題的檢討

敦煌文獻殘卷多，原本無題或缺題者占絕大多數。敦煌文獻發現以來，前賢已為許多寫本擬定了適當的名稱，應予充分肯定。但由於種種原因，擬題可商者也不在少數。具體而言，以往的擬題存在以下五方面的問題：

（一）誤擬

所謂「誤擬」，是指把甲書誤擬作乙書。如及 Дх.211、Дх.252、Дх.255 號殘片，《俄藏敦煌文獻》綴合為一，擬題「一切經音義卷第九放光般若經」。按所存音義係《放光般若經》第二十三至二十九卷音義，該經音義本玄應所作，見載於玄應《一切經音義》卷三，後慧琳《一切經音義》卷九轉引，慧琳轉引時，對原文略有改動。那麼上揭殘片抄自玄應原書還是抄自慧琳《音義》？考上揭殘片「勸訹」條云：「私律反，《說文》：訹，誘也。《廣雅》：訹，謏也。謏音先九反。經文作恤，又作卹，同，思律反，恤，憂也。恤非今用。」引文《金藏》廣勝

3　《英藏敦煌文獻》即把此卷題作「列國傳（伍子胥變文）」。

4　原載《新中華雜誌》第 5 卷第 13 號，1937 年 7 月出版；後收入《唐代長安與西域文明》，北京：生活・讀書・新知三聯書店，1957 年，第 247 頁；參看榮新江《〈英藏敦煌文獻〉定名商補》，《文史》2000 年第 3 輯，第 116-117 頁。

寺本玄應《音義》全同，慧琳《音義》引「憂」作「優」。

　　按《説文・心部》：「恤，憂也。」可證「憂」字不誤。又「恤非今用」後慧琳《音義》引多一「也」字。又殘片「波崙」條云：「又作波倫，此云常啼，《明度經》云普慈，皆一義也。」引文玄應《音義》各傳本同，慧琳《音義》引脱「啼」字，注末「也」字無。又殘片「波曇」條云：「此譯云赤蓮花也。」引文玄應《音義》各傳本同，慧琳《音義》引「花」作「華」[5]。又殘片「分陁利」條玄應《音義》各傳本同，慧琳《音義》引無此條。又殘片「句文羅」條云：「又作拘物陀，又作拘牟頭，或作拘物頭，此譯云拘者地，物陀者喜，名地喜花也。」引文《磧砂藏》本玄應《音義》略同（唯末「也」字無，但《金藏》廣勝寺本有），慧琳《音義》引後數句作「此譯云拘者地，物陀者善喜，名喜花之也」，有衍脱[6]。據此，上揭殘片音義與玄應《音義》基本相同，而與慧琳《音義》則頗有差異，當應出自前者；《俄藏敦煌文獻》擬題「一切經音義卷第九」，蓋以為慧琳《音義》，非是。[7]

　　又如 S.3227 號，首尾皆殘，存石器部、靴器部、農器部、車部、冠幘部、鞍轡部、門窗部、舍屋部、屏鄣部、花釵部、彩色部等。缺題。《敦煌遺書總目索引》《敦煌寶藏》定作「類書」；《倫敦藏敦煌漢文卷子目錄提要》同，説明云「內容似專門記錄詞彙，常見者如『門戶』、『床榻』等」；《敦煌遺書總目索引新編》改擬「俗務要名林」。

5　「華」「花」本古今用字之異，但後人引用時有改今字為古字的傾向。

6　《翻梵語》卷十華名第六十五：「拘物陀，亦云物牟頭，亦云拘物陀，譯曰拘者地，呴（物）陀者喜。」可參。

7　據筆者研究，敦煌文獻中有《一切經音義》抄本四十一件，皆出自玄應《音義》，而未見出自慧琳《音義》者，定名者不察，頗有誤作慧琳《音義》者。參看拙作《敦煌本玄應〈一切經音義〉》敘錄，《漢語史研究集刊》第 10 輯，成都：巴蜀書社，2007 年，第 564-579 頁。

又 S.6208 號，前殘，存□纈部、音響部、飲食部、薑筍部、果子部、席部、布部、七事部、酒部等，酒部之後另行接抄「新商略古今字樣撮其時要並引正俗釋下卷第□（三）」，《敦煌遺書總目索引》《敦煌寶藏》《敦煌遺書總目索引新編》均把前後兩部分一併題作「新商略古今字樣撮其時要並引正俗釋上卷、下卷」。《敦煌遺書總目索引》說明云：「上卷首缺，仍存纈部、音樂部、飲食部、果子部、席部、布部、七事部、酒部等。下卷為單字。」《倫敦藏敦煌漢文卷子目錄提要》《英藏敦煌文獻》《敦煌唐本字書敘錄》《敦煌音義匯考》《敦煌蒙書研究》均以為前後兩部分非一書，前一部分《倫敦藏敦煌漢文卷子目錄提要》以為「俗務要名林」，云「首尾俱缺」；《英藏敦煌文獻》略同，題「俗務要名林（？）」。今按：S.6208 號前後兩部分字體非常接近，應出於同一人之手，但體例完全不同，應非一書[8]。S.3227 號和 S.6208 號前部內容體例皆與《俗務要名林》不同，亦不應混而為一。《敦煌音義匯考》《敦煌蒙書研究》以 S.3227 號和 S.6208 號前部的內容體例與 S.610 號《雜集時用要字》相近，據以擬定作「雜集時用要字」之一種，近是，可從之。又周祖謨以 S.3227 號和 S.6208 號前部為一書分裂為二[9]，極是。S.3227 號末部的七殘行可與 S.6208 號前端部分綴合，如圖 2 所示。二卷綴合後，凡殘存二十部，五十五行。就所存部分考察，原書係分類抄錄各種事物名稱，以雙音詞為主，偶亦有三字或單字的，無注文；有些部目與《俗務要名林》相同，但後者所收頗多單音詞，且每條下皆有音注[10]，體式與本書迥異。

8　參看《敦煌經部文獻合集》第 8 冊《時要字樣（一）》題解，北京：中華書局，2008 年，第 3846-3848 頁。

9　周祖謨《敦煌唐本字書敘錄》，載《敦煌語言文學研究》，北京：北京大學出版社，1988 年，第 48 頁。

10　參看《敦煌經部文獻合集》第 7 冊《俗務要名林》題解及錄文，第 3611-3636 頁。

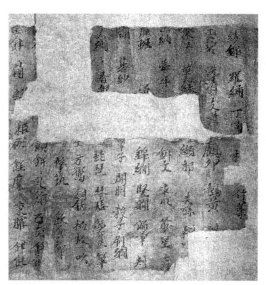

▲ 圖 2　S.3227（右上）＋S.6208 綴合圖（局部）　　　▲ 圖 3

（二）泛擬

　　所謂「泛擬」，是指擬題過於寬泛。如及 Дx.941 號，正面為難字一行半，第一行上部十個難字右側注有小字直音（圖 3 右）；背面有「犀剗」二字（圖 3 左）。無題。孟列夫主編《俄藏敦煌漢文寫卷敘錄》定作「學習中文字的教材」，云：「部分手卷，首尾缺。二行。第一行側旁有註明讀音的中文字。紙色灰，紙質粗。楷書。無題字。」（616 頁）《俄藏敦煌文獻》正面題「字譜」，背面題「字譜補記」。按卷背二字正面均已見，自不必另行擬題。查底卷所有難字均出於《大方廣十輪經》（失譯人名，附北涼錄）第一、二、四卷（《大方廣十輪經》共八卷），其先後順序均與經本相合，則底卷實為《大方廣十輪經》難字音，孟列夫及《俄藏敦煌文獻》「學習中文字的教材」、「字譜」云云皆失於寬泛。

又如 S.6117 號殘片（圖 4），首尾皆缺，存十一行。無題。《敦煌遺書總目索引》題「韻書」，《敦煌寶藏》《敦煌遺書總目索引新編》同；周祖謨《唐五代韻書集存》題「韻字殘葉」《英藏敦煌文獻》題「韻字」。又 Дх.2391 A 殘片（圖 5），存五殘行，每行僅存中部二至三條（比勘 S.6117 號相關部分可以推知原本每行約抄八條）。無題。《俄藏敦煌漢文寫卷敘錄》擬題「韻律字典」。考此二殘片體例全同，且部分條目重合，應係同一書的不同抄本。又考此二殘片與 S.6208 號＋S.5731 號＋S.11423 號《時要字樣》體例相同，則應亦為《時要字樣》的殘片。《時要字樣》全稱《新商略古今字樣撮其時要並引正俗釋》，是以 P.2011 號王仁昫《刊謬補缺切韻》、故宮舊藏王仁昫《刊謬補缺切韻》等《切韻》系韻書為藍本編撰的一部分別同音異義字的字書，全書按四聲分為上卷第一、上卷第二、下卷第三、下卷第四，對應平、上、去、入四聲。S.6117 號所存為《時要字樣》去聲部分霽、祭、卦、怪、夬、翰、隊、代、廢、震、問等十一韻字。Дx.2391A 所存為《時要字樣》去聲

▲ 圖4

▲ 圖5

部分暮、泰、霽、祭四韻字，其中後二韻條目與 S.6117 號部分重合，可以互勘。[11] 各家把此二號擬題作「韻書」、「韻字」、「韻律字典」，皆過於寬泛。

（三）分擬

所謂「分擬」，是指把同一文獻當作兩件或兩件以上不同文獻，擬題作不同名稱。如北 8431 號（字 74）背，如圖六所示，抄雜字七行，《敦煌寶藏》擬題作「詩一首、偈一首、獸名及難字雜寫」，《敦煌遺書總目索引新編》題作「詩一首、偈一首、難字雜寫等」。考底卷第一行有「法華經弟八」字樣「法華經」為《妙法蓮華經》的簡稱。傳世的《妙法蓮華經》一般為七卷二十八品，但敦煌寫本中也有為八卷三十品的，其中的度天地品第二十九、馬明菩薩品第三十為傳本所

▲ 圖6

無。底卷就是《妙法蓮華經》第八卷馬明菩薩品詞句的摘錄[12]，除前二行「禱竹」、「聾」、「聲」三條出處待考外，其餘部分全都可在該品中找到，且先後順序亦完全吻合。其中「□（十）善得生天，五戒服人身。十惡墮地獄，倡突墮畜生。忍辱得端正，瞋恚得醜陋。布施得大富，慳貪墮貧窮」八句乃照抄該品偈語。底卷以抄錄雙音詞為主，但也有抄錄句子甚至一個語段的，故可擬題作「《妙法蓮華經・馬明菩薩品》詞句抄」。《敦煌寶藏》等把它們分作「偈一首」、「詩一首」及「難字雜寫」三部分，欠妥。

11　參看《敦煌經部文獻合集》第 8 冊《時要字樣（二）》題解，第 3877-3879 頁。

12　《妙法蓮華經・馬明菩薩品》見於六個敦煌寫本，分別為 S.2734、3051、4572、5931 號，北 6188 號（列 11），P.3008 號，其中 S.2734 號首尾完整，《大正藏》據此本收入卷八五。

▲ 圖 7　P.2492（右）＋Дx.3865（左）綴合圖（局部）

　　敦煌寫本一件被撕裂成數件的現象非常普遍，由於身首分離，研究者不見全貌，被局部現象所迷惑，因而導致「分擬」的情況更是屢見不鮮。如 P.2492 號殘詩集，存詩十八首（最後一首《鹽商婦》僅存詩題和正文第一行），其中第一首為「寄元九微之」，下署作者「白樂天」，次為「和樂天韻同前」，下署「微之」，其餘十六首無作者署名，但均為白居易詩無疑，故論者多據以定作《白香山詩集》，以為是白居易詩集的最早傳本。後來徐俊發現 Дx.3865 號亦有殘詩集一種，書跡、行款與 P.2492 號全同，且 Дx.3865 號第一首殘詩正是 P.2492 號末《鹽商婦》殘缺的部分，二者可以完全綴合（圖 7）。而 Дx.3865 號既抄有白居易詩，又抄有李季蘭、岑參詩（均有作者題署），由此可見，P.2492號＋Дx.3865 號是一個唐詩選抄本，而非《白香山詩集》。[13]

　　又如 P.5579 號殘片，僅十殘行。《敦煌遺書總目索引》該號下標「殘狀紙一包（碎片）」，未注出具體內容；《敦煌寶藏》題「家居常用

13　徐俊《敦煌詩集殘卷輯考》，北京：中華書局，2000 年，前言第 17-18 頁，又正文第 21-40 頁。

字」；《敦煌音義匯考》云「所注字皆與屋舍相關，相似 P.5001 之宅舍
部」，故附載於「俗務要名林」之後；《敦煌遺書總目索引新編》擬題
「殘字書」，《法藏敦煌西域文獻》擬題「字書」。按 P.5001 號，首尾俱
缺，凡二紙，前一紙二十三行，後一紙十七行，上下部多有殘泐。上
揭 P.5579 號殘片實為 P.5001 號第十六行至二十五行下部的殘缺部分，
應予綴合，二件綴合後前八行基本完整（圖 8）。P.5001 號《敦煌遺書
總目索引》擬題「類書（似為俗務要名林）」，《敦煌寶藏》題「類書（宅
舍部女服部）」；朱鳳玉《敦煌寫本「碎金」系字書初探》定作「俗務
要名林」殘卷，《敦煌音義匯考》亦列於「俗務要名林」之下，《敦煌
遺書總目索引新編》徑題「俗務要名林」，是。又考 S.617 號寫卷，首
尾俱缺，此卷各家皆定作《俗務要名林》殘卷，已成定論。P.5001 號
＋P.5579 號與 S.617 號行款字體全同，當係同一寫本所撕裂，P.5001 號
＋P.5579 號應為 S.617 號前部殘缺的一部分，應予綴合。但由於原卷割
裂三處，整理者遂分別擬題作「家居常用字」（或「殘字書」、「字
書」）、「類書」、「俗務要名林」，則一書分而為三矣。

P. 5579　　P. 5001

▲ 圖 8　P.5001＋P.5579 綴合圖

（四）混擬

　　所謂「混擬」是指把內容不同的兩件文獻當作一件文獻來著錄。

如 S.388 號，該卷抄有字樣書兩種，二者間有「右依顏監《字樣》，甄錄要用者，考定折衷，刊削紕繆」云云一段說明文字，另行又有「正名要錄　霍王友兼徐州司馬郎知本撰」字樣，說明文字應屬前一字樣書，「正名要錄」云云以下則應為後一字樣書（圖 9）。

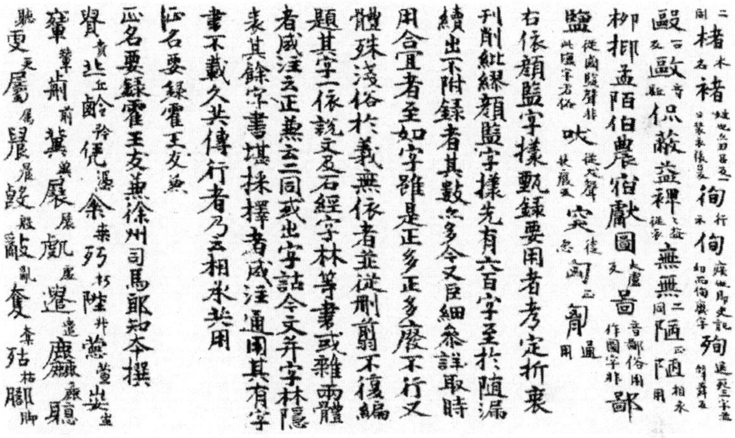
右依顏監字樣甄録要用者考定折衷
刊削紕繆顏監字樣先有六百字至於隨漏
續出不附録者其數亦多今又巨細參詳取時
用合宜者至如字雖是正多正多廢不行又
體殊淺俗於義無依者並從刪翦不復編
題其字一依說文及石經字林等書或雜兩體
者咸注云正兼云二同或出字詁今文并字林隱
表其餘字書堪採擇者咸注通用其有字
書不載久共傳行者乃云相承共用
正名要録霍王友兼
正名要録霍王友兼徐州司馬郎知本撰

▲ 圖 9

前一種首缺尾全，無書名和作者名，存八十三行，和其後的《正名要錄》字跡相同當為同一人所抄。但兩書體例不同（前一種辨別文字之「正」、「同」、「通用」、「相承共用」，所收單字的排列無一定之規顯得比較雜亂；後一種分「正行者雖是正體，稍驚俗；腳註隨時消息用」、「正行者正體，腳註訛俗」、「正行者楷，腳註稍訛」、「各依腳註」、「字形雖別，音義是同，古而典者居上，今而要者居下」、「本音雖同，字義個別」六類，體例較為謹嚴），且頗有同一字形二書皆見卻被判別為「訛」、「俗」等不同類別者（如前一種稱「妒正妬《説文》妒從女、戶，後戶變作石，遂成下字，久已行用也」，以「妒」為正字；後一種「各依腳註」類出「妬」字，腳註「從石」，則以「妬」為正字），故可斷

定應非一書。[14]《敦煌寶藏》《敦煌遺書總目索引》《英藏敦煌文獻》把
這兩種字樣書一併定作「正名要錄」，不妥。《敦煌遺書總目索引新編》
以前一種為《正名要錄》，而云後一種「名稱不詳」，亦非是。

又如 S.4195 號背，原卷如圖 10 右部所示，翟理斯（Lionel Giles）
《英國博物館藏敦煌漢文寫本註記目錄》稱作世俗著作「諸君篇」等章
節的文字摘錄；《敦煌遺書總目索引》擬題「字書」，又括注稱「當作
籯金」（《敦煌遺書總目索引新編》逕題「籯金」）；《敦煌寶藏》擬題「生
字新詞錄（諸君篇、諸王篇、公主篇）」；《倫敦藏敦煌漢文卷子目錄
提要》擬題「略出籯金」；《英藏敦煌文獻》上面部分擬題「雜字附音
義」，下面部分擬題「籯金字書（帝德篇第一——公主篇第四）」。又
S.461 號背，原卷如圖 10 左部所示，《英國博物館藏敦煌漢文寫本註記
目錄》《敦煌遺書總目索引》《敦煌寶藏》俱未標出，《英藏敦煌文獻》
未收錄，《倫敦藏敦煌漢文卷子目錄提要》稱為「雜抄文字」，《敦煌遺
書總目索引新編》題「雜寫等」，郝春文主編《英藏敦煌社會歷史文獻
釋錄》定作「字書」。按：上揭二卷可以綴合（如圖 10 所示）。正面皆
為標有「兌」字（表示廢棄）的《大智度論》卷一九（綴合後經文內
容前後銜接）。背面 S.4195 號在前，S.461 號在後，綴合後密合無間；
原卷分上下二部分，雖皆為難字摘抄，然字體款式均所不同，上面部
分每行頂格抄一至四字不等，字體較大，個別條目下注有雙行小字音
義；下面部分字體較小，無註釋，有「諸君篇弟二」、「諸王篇弟三」、

14　斯 388 號前後兩部分非一書，周祖謨《敦煌唐本字書敘錄》（《敦煌語言文學研究》，
　　第 45-47 頁）始發之，朱鳳玉《敦煌寫本字樣書研究之一》（《華岡文科學報》第 17
　　期，1989 年 12 月）、蔡忠霖《敦煌字樣書〈正名要錄〉研究》（「中國文化大學」碩
　　士論文 1994 年）承用其說。筆者進而推測前一種可能是唐杜延業的《群書新定字
　　樣》，說詳拙作《漢語俗字研究》第十章《歷代俗字及俗字研究要籍述評》，長沙：
　　嶽麓書社 1995 年第 249-250 頁。

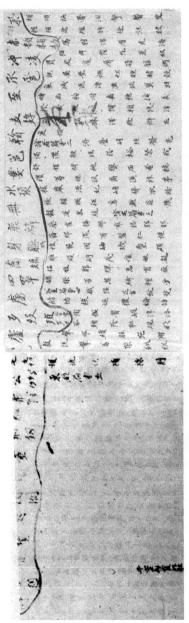

▲ 圖10 S.4195背（右）＋S.461背（左）《雜字類抄》（上部）、《金雜字》（下部）綴合圖

「公主篇弟四」、「東都篇弟五」的小標題，由於上面部分每行所抄字數不同，故下面部分所抄亦多少不一；從款式看，可以推斷上面部分抄寫在前，而下面部分則是後來利用原紙每行下的空白接抄的，為免混淆，故上下二部分間底卷用曲線加以區隔。《英藏敦煌文獻》擬題S.4195 號背下面部分為「籯金字書」，近是。《籯金》五卷，共百篇，唐李若立撰，約成書於武周以後至唐文宗開成年間，世無傳本，唯敦煌文獻中有該書的部分抄本（參看王三慶《敦煌類書》第 99-107 頁）。S.4195 號背＋S.461 號背的下面部分即摘錄自《籯金》第一卷的前五篇，故可據以定作「籯金難字」。而其上面部分則可參酌《英藏敦煌文獻》定作「雜字類抄」。除《英藏敦煌文獻》外，各家均把上下二部分混而為一，誤。

（五）不準確

「不準確」是指擬題尚欠完善，還有進一步斟酌的餘地。如 P.3438 號，摘抄《大般涅槃經》難字，首行有「大般涅槃經第一袟」字樣，前二行所摘經字下多注有切音，但其後則不再標音，疑屬未完成之作。沒有注音的難字下大多留有一定的空間，大約是為注音預留的；但從第二袟第五卷以後，所抄難字亦頗有連抄而未留空間的。《敦煌遺書總目索引》稱本篇為「大般涅槃經難字，間有音義」，《敦煌寶藏》《法藏敦煌西域文獻》及《敦煌遺書總目索引新編》據以題作「大般涅槃經音義」。但本篇雖有注音卻無釋義，所以稱作「音義」並不確切，而宜比照 P.2172 號《大般涅槃經音》（原卷首題）改題作「大般涅槃經音」。

又如 P.3578 號背，凡十行，首行抄某某經「弟八卷」難字二，第二行和第三行上部抄「鞞波沙論第十四袟」難字（苻秦僧伽跋澄譯有《鞞婆沙論》，凡十四卷，應即其書，「十四袟」應為「十四卷」之誤，

其下難字多可在《鞞婆沙論》中檢獲，且卷次順序基本相合），第三行下部開始所抄皆為「涅槃經」難字（所據「涅槃經」係北涼曇無讖譯《大般涅槃經》四十卷本，本卷所抄難字止於經本第二袟第四卷）。據此，本卷屬若干種佛經難字摘抄性質，而以《大般涅槃經》難字為主，故可擬定作「大般涅槃經等佛經難字」。《敦煌遺書總目索引》及《敦煌寶藏》等題「涅槃經難字」，顯然不夠確切；《法藏敦煌西域文獻》題「佛典難字」，則嫌過於籠統。

又如 S.5690 號，如圖 11 所示，抄難字二行半（第三行只抄了半行）每行上部有殘泐，所缺字數不詳，首行所存第一字缺上半（所存似「卷」字的下部），其下抄「難字」二字。《敦煌遺書總目索引》題作「難字」《敦煌寶藏》同，《敦煌遺書總目索引新編》作「□難字」；《英藏敦煌文獻》改題作「妙法蓮華經等佛經難字」。今按：前一部分難字皆出於《妙法蓮華經》卷八馬明菩薩品第三十，後一部分（「第四」以下）難字大多出於《妙法蓮華經》卷一序品至卷四見寶塔品第十一（個別字出於見寶塔品第十一之後），故應改題作「妙法蓮華經難字」。《英藏敦煌文獻》擬題「妙法蓮華經等佛經難字」，也嫌不夠確切。

三、缺題殘卷的定名

敦煌文獻殘卷多，缺題者多，至今尚未定名者仍不在少數（《俄藏敦煌文獻》第 11 冊俄敦 3600 號至第 17 冊俄敦 19092 號卷子皆未標注題目），所以為卷子定名的任務仍相當繁重。殘卷的名稱，自應據具體內容來確定，毋庸辭費。但在具體操作時，筆者以為以下四種方法仍值得留意：

▲ 圖 11

（一）據其他寫本考定

　　一個完整的寫本通常有自己的題目，但被割裂肢解成多個殘片後，會造成原有篇題的缺失，所以有時侷限在某一個殘片上，未必能擬定準確的名稱，而如能把相關的殘片或其他異本匯聚綴合在一起，則有可能使篇題失而復得。如劉復《敦煌掇瑣》載 P.2747、2648 號「季布歌」，該二號均為殘段，本身並沒有篇題，所謂「季布歌」，乃劉氏據羅振玉《敦煌零拾》所載有相同內容的 S.5440 號「季布歌」（題目係羅氏擬定）比定的。《敦煌掇瑣》緊接「季布歌」另載有 P.3386 號「季布罵陣詞文」一卷，劉氏云「此與前二號字體不類，是另一人所寫」。其實 P.3386 號即 P.2747 ＋ 2648 號之後殘缺的部分 [15]，如圖 12 所示，P.2648 號末句「遂令武士」四字左部部分殘畫及「齊擒捉」三字在 P.3386 號，二者綴合後正好完整無缺（圖 12 右側切片）。而 P.3386 號末

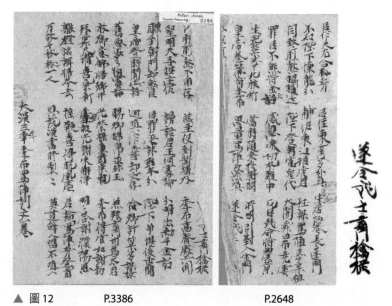

▲ 圖 12　　　　　P.3386　　　　　　　　P.2648

15　參看王重民《敦煌古籍敘錄》，北京：中華書局，1979 年，第 340-343 頁。

有「大漢三年季布罵陣詞文一卷」的尾題，則同一寫本撕裂的
P.2747、.2648 號自然也應改題「大漢三年季布罵陣詞文」殘卷了。同
樣，S.5440 號原本無題，也應當據 P.3386 號比定作「大漢三年季布罵陣
詞文」或據另一異本 P.3697 號擬題作「捉季布傳文」，而「季布歌」的
題目則屬無中生有，應予廢棄。

　　又如 Дx.10740XII 有一殘片，如圖 13 所示，正面有殘文八行，《俄
藏敦煌文獻》未定名。考 P.2488 號有《秦將賦》，首題「秦將賦」，末
題「秦將賦一卷」（圖 14），底卷所存字句皆見於該賦，原文可校錄作
（〔〕中字句據 P.2488 號擬補）：「〔刀從地劈，人仰天〕呼。擁千群之
鼙〔武，坑四十萬之勇夫。肉復熱，刀〕復醒（腥）。草頭渾赤，不見
山青。〔父子一時從此沒，不知何處認屍〕靈。龍兢鬥，用（鳳）復
征，深坑〔變作〔活〕人塚，長城便是死人城。四面〕不能逃竄得，
百里唯聞乙（乞）命聲。〔一半死，一半在，旋斬旋填深〕坑底。兄與
弟，父〔以〕子，兩兩相看覓（被）殺〔死。滿谷只聞刀劍鳴，〔眾〕
山遙遙覺血〕氣。人已死，刀復缺，毒蛇猛〔獸爭皆喫。三年五歲肉

▲ 圖 13

▲ 圖 14

仍殘，千巖萬〕國（谷）皆流血。諸餘衩〔道人皆過，只這一川行路絕。肉芳裡（黑）似泥，骨〕遭風〔雨白如雪〕。」顯然，底卷應為《秦將賦》之殘文[16]，其篇題可據 P.2488 號擬定。

（二）據傳世文本考定

由於種種原因，有些文獻敦煌寫本中的確只存有零散的殘片，僅憑這些殘片本身也許不知所云，這時就需要與傳世文獻來比對，才能確定其內容，並擬定準確的題目。如 Дx.8011 號殘片，正面如圖 15 所示，存三殘行。又 Дx.8462 號殘片，正面如圖 16 所示，存五殘行。此二片書跡、行款相同，其背面皆為不知名佛經，字體也相同，可以確定為同一寫本之撕裂。《俄藏敦煌文獻》均未定名。查清胡克家校本李善注《文選》卷三五張協《七命》云：「拉䖟䖌，挫獬廌。《爾雅》曰：䖟，白虎。䖌，黑虎。張揖《漢書注》曰：獬廌（底卷作「豸」），似鹿而一角也。勾爪摧，鋸牙捽。《淮南子》曰：勾爪、鋸牙，於是摯矣。《說文》曰：捽，兩手擊也，補買切。瀾漫狼藉，傾榛倒壑。《說文》曰：草編狼藉也。殨觜掛山，僵踣掩澤。鄭玄《周禮注》曰：四足死者曰觜。《爾雅》曰：僵，仆也。郭璞《爾雅注》曰：踣，前覆

▲ 圖 15

▲ 圖 16

16　此說張新朋《敦煌詩賦殘片輯考》（未刊稿）始發。

也。張揖《上林賦注》曰：掩，覆也。」又云：「至聞皇風載韙，時聖道醇。杜預《左氏傳》注口：韙，是也，于匪切。《尚書》曰：政事惟醇。孔安國曰：醇，粹也。擧實為秋，摛藻為春。《韓詩外傳》曰：魏文侯之時，子質仕而獲罪，謂簡主，吾不復樹德。簡主曰：夫春樹桃李，夏以得蔭其下，秋得食其實。今子樹其非人也。《答賓戲》曰：摛藻如春華。下有可封之民，上有大哉之君。《尚書大傳》曰：周人可比屋而封。《論語》：子曰：大哉堯之為君，惟天為大，惟堯則之。民或為屋。余雖不敏，請尋後塵。《論語》：顏回曰：回雖不敏，請事斯語。應瑒《與桓元則書》曰：敢不策馳，敬尋後塵。」其中加下劃線的部分為上揭二殘片所有，可見殘片中的大字正文皆見於《文選・七命》，而注文則大多與李善注本同，唯「殣胔掛山」句底卷注「□□（薛綜）《西京賦》注曰：胔，死禽獸□□□（將腐之）名也。又曰：僵，仆也」今本李善注作「鄭玄《周禮注》曰：四足死者曰胔。《爾雅》曰：僵，仆也」，有所不同。[17] 考《文選》卷二《西京賦》「僵禽斃獸」李善引薛綜注：「僵，仆也。」又「收禽舉胔」李善引薛綜注「胔，死禽獸將腐之名也。」博士生金少華謂敦煌本當是李善注原貌，而胡刻本則當出於後人所改[18]，甚是。據此，上述殘片可擬題作「李善注文選」或「文選李善注」。

又如 S.6189 號，如圖 17 左部所示，僅二殘行，存「朋友」、「不禁」、「根觸」、「窓牖」、「泄泄」等條音義。《敦煌遺書總目索引》題

---

17 俄敦 8462 號殘片末行存注文殘字二，金少華考定原字應為「敏已」二字，近是。《七命》上文「雖在不敏，敬聽嘉話」李善注：「《孝經》曰：參不敏。」已注「不敏」。據李善注例，同篇同詞再見，當從省云「已見上文」。胡刻本「余雖不敏，請尋後塵」句下注引《論語》「顏回曰：回雖不敏，請事斯語」蓋非李注本真貌，當據寫本作「〔不〕敏，已〔見上文〕」為是。參金少華下引文。

18 金少華《敦煌吐魯番本〈文選〉研究》，浙江大學碩士學位論文，2008 年，第 92 頁。又俄敦 8011、8462 號殘片為李善《文選注》，筆者 2002 年即已向碩士生李梅指出，可參看李梅《敦煌吐魯番寫本〈文選〉研究──從語言文獻角度的考察》，浙江大學碩士學位論文，2003 年，第 6 頁。

「字寶碎金」《敦煌寶藏》《英藏敦煌文獻》《倫敦藏敦煌漢文卷子目錄提要》同；《敦煌遺書總目索引新編》題「碎金兩行」；潘重規《瀛涯敦煌韻輯新編》第五四二頁題「字寶碎金殘卷」，皆誤。張金泉《論敦煌本〈字寶〉》指出上述詞條均不見於《字寶》諸卷，且四聲錯雜，注文中有「非用，俣」、「非也」等語，亦非《字寶》書例，應非《字寶》殘片[19]；朱鳳玉説略同[20]。高田時雄《可洪〈隨函錄〉與行瑫〈隨函音疏〉》發現本件前三條見於《高麗藏》本可洪《藏經音義隨函錄》第拾陸冊第貳拾三、貳拾肆張《根本毗奈耶雜事》第七卷音義，後四條見於同書貳拾陸張《根本毗奈耶雜事》第十卷音義；與《高麗藏》本相比，中間省略了整整兩頁，高田氏以為「這應當是鈔寫者在鈔書時錯

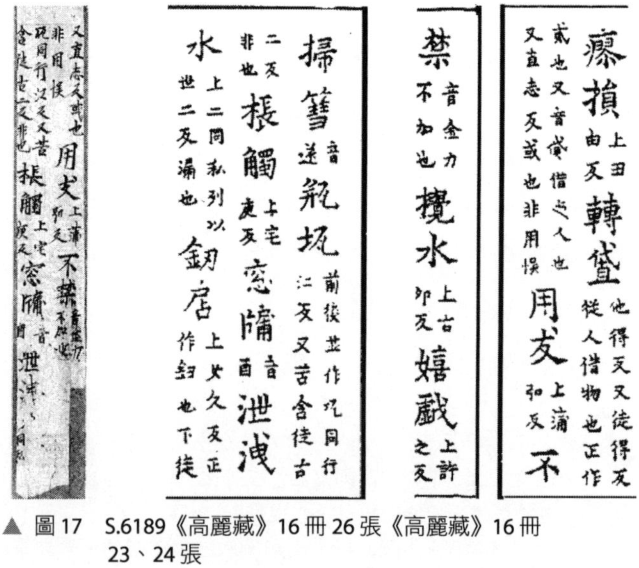

▲ 圖17　S.6189《高麗藏》16冊26張《高麗藏》16冊
　　　　23、24張

19　《敦煌研究》1993年第2期，第94頁。

20　《敦煌寫本碎金研究》，臺北：文津出版社，1997年，第44頁。

誤地翻過了兩頁才造成的結果，而並非有意省略」[21]，甚是。故本件應據以改題作可洪《藏經音義隨函錄》殘片。

（三）據字詞順序考定

敦煌文獻中有不少音義類或摘抄佛經難字的寫本，大多沒有標題，且多殘缺不全，所以如何確定這類殘卷的內容並進而為之定名是一個十分棘手的難題。不過，除了無所依傍的習字雜抄以外，摘字注音的字詞總是有所本的，因而所抄字詞的先後順序也往往與所據文本基本是一致的，我們就有可能根據所抄字詞的這一特點確定一些殘卷的內容。例如：

Дx.3421 號，如圖 18 所示，三殘行，存上部，僅存十個標目字，每字下有小字注音，但無釋義。《俄藏敦煌文獻》定名「文字音義」。後來我們發現所存標目字順序見於《文選》卷二九《齊敬皇后哀策文》

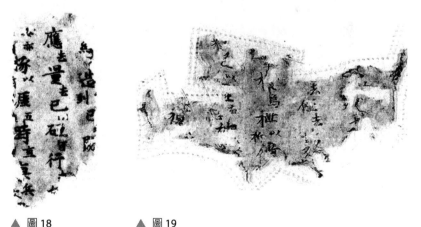

▲ 圖 18　　　　▲ 圖 19

21　原載《中國語史の資料と方法》，京都大學人文科學研究所研究報告，1994 年；後收入《敦煌・民族・語言》，北京：中華書局，2005 年，第 406-407 頁。

《郭有道碑文》二篇，沒有例外[22]，據此，可以確定原卷應係《文選音》殘片。

又 S.11383B，如圖 19 所示，五殘行。《英藏敦煌文獻》以為「切韻」。按原卷僅有注音而無釋義，且注音或用直音或僅標聲調，與《切韻》的體例全然不合。考原卷一、二行殘字均不可識，三、四行標目字可考定者有「於」「枇」「倚」「已」「桂」「燠」六字，第五行存一標目字，右下部殘泐，原字近似「稷」字俗寫。考前六字順序見於《文選》卷五九王簡棲《頭陀寺碑文》後部，又其下一篇沈約《齊故安陸昭王碑文》之首有「稷契身佐唐虞」句，或即第五行殘字所出。據此，原卷應為《文選音》殘片。[23]

Дx.5352 號，如圖 20 所示，係一長方形的紙片，抄難字三行，其中第三行僅抄上部大半行。《俄藏敦煌文獻》未定名。今考底卷所抄難字皆見於《妙法蓮華經》卷一、二、三、六，字序與經文亦大體相合，故可擬題作《妙法蓮華經難字》。[24]

值得指出的是，敦煌寫本在摘抄佛經難字時，並非總是按照經本的先後順序，有時會出現「逆序」的現象。如 S.2821 號《大般涅槃經音》（擬），係據北涼曇無讖譯的《大般涅槃經》四十卷及唐若那跋陀羅譯的《大般涅槃經後分》上下卷摘字為音（敦煌寫本中有把這兩種

22　原卷第三行「跱」字當本於《郭有道碑文》「翔區外以舒翼，超天衢以高跱」句，「跱」「峙」音同義通。

23　敦煌文獻中另有伯 2833 號、斯 8521 號《文選音》殘卷，榮新江《英國圖書館藏敦煌漢文非佛教文獻殘卷目錄》以為係同一抄本的不同部分（第100頁），當是；許建平謂俄敦 3421 號、斯 11383B 與該二號字體與注音方法同，亦應是同一人所抄的同一寫卷的不同部分，亦是。許説見《敦煌經部文獻合集》第9冊《文選音》題解，第4739-4740頁。

24　參看《敦煌經部文獻合集》第 10 冊《妙法蓮華經難字》題解及校記，第5302-5304頁。

▲ 圖20　　　▲ 圖21

經合抄在一起的，凡四十二卷，上述經音亦據四十二卷本）。該本前十
二卷的體例是先出經名、品名及經本卷數，其下按照經文的順序摘錄
難字並注音。但從第十三卷開始，則變為經名、品名及經本卷數在後
（僅個別例外），每卷下摘錄的難字次序亦大抵與其在經文中出現的先
後順序相反。如原卷最後四行（見圖21），其中倒數第四行「《大般涅
槃經》第四十」是管上文的「餌」等四字的，其下的「啄」至倒數第
二行「第四十一」為經本第四十一卷的內容，倒數第二行「悽」以下
至末為經本第四十二卷的內容。按照經文的順序，第四十一卷始為「憍
陳如品之三」（S.2311號經本憍陳如品之一分上下卷，而第四十一卷開
始為「憍陳如品之二」，《大般涅槃經後分》單行的本子，如北6597
號，卷上始為「憍陳如品之末」，皆與此「憍陳如品之三」為同一內
容），再接「遺教品」和「應盡還源品」；第四十二卷始為「機感荼毗
品」，再接「聖軀廓閏品」。而在上述經音中，卷四十一經品出現的次

序成了「應盡還源品」、「遺教品」、「憍陳如品之三」，卷四十二經品出現的次序成了「聖軀廓閏品」、「機感荼毗品」，皆與經本相反。又第四十一卷下的難字在經文中出現的順序依次為抑、悼（見「憍陳如品之三」）、警（見「遺教品」）、爆、溪、溝、壑、苟、啄（見「應盡還源品」），第四十二卷下的難字在經文中出現的順序依次為儵、倏（見「機感荼毗品」）、壇、蘽、雉、慨、隕、悽（見「聖軀廓閏品」），而在上述經音中則正好倒了個個兒（只有溪、溝、壑三字與經文順序相同，蓋此三字出於經文「溪澗溝壑」句，所據經本在同一行中，如果以行為單位摘錄難字，那麼無論正序還是倒序，同一行中的字都與經文順序相同）。其餘部分大抵似此。這也就是説，本篇第十三卷以下的各卷大多應該倒過來讀，如第四十一卷應讀作：「憍陳如品之三四十一（『四十一』指經本的卷數）　抑、悼　大般涅槃經遺教品　警　大般涅槃經應盡還源品　爆、溪、溝、壑、苟、啄。」第四十二卷應讀作：『大般涅槃經機感荼毗品四十二　儵、倏　聖軀廓閏品　壇、蘽、雉、慨、隕、悽。」這樣一讀，便與經文的先後順序完全一致了。

　　這種「逆序」摘字的現象也出現在 S.5999 號《大般涅槃經音》（擬）、P.3823 號《佛經難字及韻字抄》（擬）、Дx.699 號《正法念處經難字》（擬）等寫本中。由此看來，「逆序」摘字並非個別的偶然的現象，而具有一定程度的普遍性。我們據字詞順序考定篇名時，必須注意到敦煌寫本的這種「反常」現象。如上文我們指出 S.5690 號應擬題作「妙法蓮華經難字」，便是考慮到了寫本有「逆序」摘字的特點。該卷前一部分難字出於經本卷八馬明菩薩品，後一部分（「第四」以下）難字大多出於經本卷一至卷四，但先後順序大抵與經文相反。如前一部分首字「挋」所在的經文「五大城中人多黑挋（短）小」句在馬明菩薩品的末尾，而末「撓」字所在的經文「風起撓動其水」句則在馬

明菩薩品的前部。又如後一部分自「掬」至「圮」三十字，所據經文經本中出現的順序依次為「如我惟忖」等、「牆壁圮坼」、「蜈蚣蚰蜒」、「蜣螂諸蟲」、「咀嚼踐踰，齛齧死屍」、「蹲踞土埵」、「窺看窗牖」、「臭煙熢㶿」、「周帀欄楯」、「柔軟繒纊」、「其影領瘦」、「聾騃無足」、「盲聾背傴」、「馳騁四方以求衣食」、「其諸倉庫悉皆盈溢」等、「尒時窮子傭賃輾轉遇到父舍」等、「如人渴須水，穿鑿於高原」、「以金銀琉璃硨磲瑪瑙真珠玫瑰七寶合成」、「各齎寶花滿掬而告之言」，除「忖」等一二字次序有問題外，寫卷其他難字字序適與經文相反。假如我們不了解這種「逆序」摘字的現象，死扣經文的先後順序，就難以明其所出，自然也無法擬定正確的書名了。

（四）據關鍵字考定

由於種種原因，一些古書的全部或局部內容是相同或相近的，尤其是佛經，往往存在同一經前後多次傳譯的情況，如《大般涅槃經》有北本（四十卷，北涼曇無讖譯）、南本（三十六卷，劉宋慧觀與謝靈運等改編）之別，《法華經》傳本有《正法華經》（西晉竺法護譯）、《妙法蓮華經》（姚秦鳩摩羅什譯）、《添品妙法蓮華經》（隋闍那崛多、達摩笈多共譯）三譯，《金光明經》有《金光明經》（北涼曇無讖譯）、《合部金光明經》（隋寶貴等譯）、《金光明最勝王經》（唐義淨譯）之異，等等，那些後出的譯本通常是在前此譯本的基礎上改編或補譯而成的，相互之間內容上必然會有很大程度的共同性。而敦煌殘卷往往由於所存字句較少，會出現相關字句在多種文獻中共有的情況，從而給具體出處的考探帶來麻煩。然而，即便那些內容非常接近的古書，既經後人改訂，必然會打上改訂者的烙印，在具體的遣詞造句上出現或多或少的差異，從而為我們給敦煌殘卷定名留下了契機。例如：

S.3679 號《大般涅槃經》卷第一，首缺尾全，存六十二行，行十七

字末署「大般涅槃經卷第一」。如上所説《大般涅槃經》有北本、南本之別，那麼上揭殘卷是北本還是南本呢？考上揭殘卷所存文句與《大正藏》所載南本《大般涅槃經》幾乎全同[25]，而與北本則有所區別。如殘卷所見「真金窓牖」句南本同，而《大正藏》所載北本作「真金為嚮」，校記稱宋、元、明本作「真金為向」；同屬北本系統的敦煌寫本S.1318 號、津藝 200 號、北 6286（辰 82）號、北 6290（日 86）號亦作「真金為向」，甘圖 26 號作「真金為響」，「嚮」「響」當皆為「向」的音誤字。「真金為向」與「真金窓牖」義同，「向」即「窓牖」也。又殘卷所見「苦哉苦哉，世間虛空」句「虛空」一詞南本同，而《大正藏》所載北本作「空虛」（上揭北本系統的敦煌寫本亦多作「空虛」，唯北6286 號作「虛空」）。由此可見，上揭殘卷字句與南本全合，而與北本則有所不同，應屬於南本系統的《大般涅槃經》殘卷。或定作北本[26]，不確。

　　浙敦 81 號（浙博 56）殘片，如圖 22 所示，存三行，編者題「佛經殘片」。宗舜《〈浙藏敦煌文獻〉佛教資料考辨》云：「考其內容，抄寫的是《慈悲水懺法》卷下的一段，可參見《大正藏》第 45 卷第977 頁上欄第 27 行至中欄第 1 行。」[27] 查《大正藏》，與上揭殘片字句相同或相近的有四處，分別為《佛說佛名經》卷一一、卷二六、卷三〇和《慈悲水懺法》卷下，其中《佛說佛名經》卷三〇作：『懺悔兩舌相磕地獄形骸破碎罪報，懺悔眾合黑耳地獄解剔罪報，懺悔闇冥肉山地獄斬剉罪報，懺悔鋸解釘身地獄斷截罪報，懺悔鐵棒倒懸地獄屠割罪報。」（卷一四 306 頁）上揭殘片所存字句與該本全同（唯「磕」上

25　S.3679 號「煩惱諸垢皆悉消除」句末字北本、南本皆作「滅」作「除」或為抄手之誤。

26　景盛軒《〈大般涅槃經〉異文研究》成都：巴蜀書社，2008 年，第 317 頁。

27　《敦煌吐魯番研究》第 6 卷北京：北京大學出版社，2002 年，第 341 頁。

揭殘片作「礚」,「礚」實即「礚」的俗寫,
猶「蓋」俗寫作「盖」)。而《佛說佛名經》
卷一一、卷二六上揭引文「礚」皆作「礚」
(「礚」為「礚」的異體字),「兩舌」皆作「兩
石」,「眾合」皆作「聚合」;又《慈悲水懺法》
卷下「礚」作「礚」,「兩舌」作「兩石」,「破
碎」作「碎破」,文字皆有所不同。據此,上
揭殘片應抄自《佛說佛名經》第三十卷,而非
《慈悲水懺法》。又《慈悲水懺法》為唐懿宗
時知玄撰,而《佛說佛名經》為後魏北天竺沙
門菩提留支譯,《慈悲水懺法》卷下所引相關
文句其實也是來源於《佛說佛名經》。

　　寫到這裡,我們想附帶談談電子檢索工具
的利用問題。電腦的普及,各種電子資料庫的
建設,澈底顛覆了以往資料查檢和蒐集的方
式,也為敦煌殘卷尤其是佛經殘卷的定名帶來
了極大的便利。以往浹旬累月難以確定具體內
容的殘片斷句,藉助電腦檢索,往往幾秒鐘就
可以找到答案。但由於許多電子資料庫都做得
比較粗糙(如現在流行的《大正藏》電子本),
文字、標點錯誤所在多有,容易影響檢索和引
用的精確性;加上文獻資料的層累特點,檢索

▲ 圖 22

時跳出的相同或相似的詞句每每成百上千,讀者利用時必須有一個消
化和判別的過程,而切忌不加分析的「拿來主義」,輕下斷語。對電腦
的利用,老一輩史學家高敏先生有一段話說得極好,且把它抄錄在這

裡，以與讀者共勉：

　　現在有了電腦，使用它可以省時省力。但我勸青年人不要過分依靠電腦，因為電腦畢竟不能代替人腦。用電腦儲存材料，畢竟不如自己筆錄來的材料準確、可靠和可以變成自己的知識。我一點也不反對使用新的科技成果去更新史學研究方法和從事史料整理工作，但是，這種使用，決不應當成為研究者偷懶和放寬要求自己的口實。[28]

參考文獻

劉復編《敦煌掇瑣》，《敦煌叢刊初集》影印本，臺北：新文豐出版公司，1985 年。

黃永武主編《敦煌寶藏》，臺北：新文豐出版公司，1986 年。

中國社會科學院歷史研究所等編《英藏敦煌文獻（漢文佛經以外部分）》，成都：四川人民出版社，1990-1995 年。

俄羅斯東方研究所聖彼德堡分所等編《俄藏敦煌文獻》，上海：上海古籍出版社，1992-2001 年。

上海古籍出版社等編《法藏敦煌西域文獻》，上海：上海古籍出版社，2005 年。

王重民《敦煌古籍敘錄》，北京：中華書局，1974 年。

商務印書館編《敦煌遺書總目索引》，北京：中華書局，1983 年。

敦煌研究院編《敦煌遺書總目索引新編》，北京：中華書局，2000 年。

黃永武主編《敦煌遺書最新目錄》，臺北：新文豐出版公司，1986 年。

孟列夫主編，袁席箴、陳華平譯《俄藏敦煌漢文寫卷敘錄》，上海：上海古籍出版社，1999 年。

金榮華主編《倫敦藏敦煌漢文卷子目錄提要》，臺北：福記文化圖書有限公司，1993 年。

翟理斯（Lionel Giles）編《英國博物館藏敦煌漢文寫本註記目錄》（*Descrip tive Catalogue of the Chinese M anuscri p ts f rom T unhuang in the British*

28　《經史說略·三國志說略》，北京：北京燕山出版社，2002 年，第 102 頁。

Museum），《敦煌叢刊初集》影印本，臺北：新文豐出版公司，1985 年。

周祖謨編著《唐五代韻書集存》，北京：中華書局，1983 年。

周祖謨《敦煌唐本字書敘錄》，中國敦煌吐魯番學會語言文學分會編《敦煌語言文學研究》，北京：北京大學出版社，1988 年。

張金泉、許建平《敦煌音義匯考》，杭州：杭州大學出版社，1996 年。

榮新江《〈英藏敦煌文獻〉定名商補》，《文史》2000 年第 3 輯，第 115-129 頁。

鄭阿財、朱鳳玉《敦煌蒙書研究》，蘭州：甘肅教育出版社，2002 年。

張涌泉主編《敦煌經部文獻合集》，北京：中華書局，2008 年。

（原載《中華文史論叢》2011 年第 2 期）

貳

俄藏未定名《八陽經》殘片考

　　《八陽經》，亦稱《佛説天地八陽神咒經》《佛説八陽神咒經》《天地八陽神咒經》《天地八陽經》《八陽神咒經》，是我國早已失傳的佛教疑偽經之一。該經最早著錄於唐圓照撰《貞元新定釋教目錄》[1]，但清代以前中國歷代藏經均未收入。直到二十世紀初，《大日本續藏經》以「鮮本」校訂，收於卷一百五十。《大正新修大藏經》又以《大日本續藏經》錄文為底本，參校斯 127 號，收於卷八十五。最近我們對業已刊布的敦煌文獻進行了全面普查，發現各家已定名的《八陽經》寫本計有 238 號。另檢《俄藏敦煌文獻》第十一冊至第十七冊（上海古籍出版社 1999-2001 年）的未定名殘片，又發現《八陽經》殘片六十三件。現分別考定敘錄如下[2]：

1　〔唐〕圓照《貞元新定釋教目錄》，《中華大藏經》第 55 冊影印麗藏本，北京：中華書局，1992 年，第 935 頁。

2　本文校錄符號對應如下：「▨」表示殘一字，「（）」內為補正文字。

1. Дх.4172

殘片，如圖 1 所示，僅存六殘行，前後上下皆有殘泐，每行存二到六字，楷書。

按：此為《八陽經》殘片，相應文字參見《大正藏》T85／1424b6 -1424bl3[3]。比勘完整文本，原本每行約十七字。

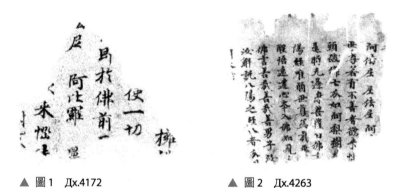

▲ 圖 1　Дх.4172　　　　　　　　　▲ 圖 2　Дх.4263

2. Дх.4263

殘片，如圖 2 所示，僅存九殘行，前後及每行下部皆有殘泐，每行存三到十一字，楷書。

按：此為《八陽經》殘片，相應文字參見《大正藏》T85／1424b10-1424b20。比勘完整文本，原本每行約十七字。

3. Дх.4286

殘片如圖 3 所示，僅存十九殘行（其中兩空白殘行），前後及每行上部皆有殘泐，首三行、尾一行下部亦有殘泐，每行存三到八字，楷書。

3　《八陽經》諸敦煌寫本與《大正藏》本經文多有異文，故曰「參見」。「《大正藏》
　　T85／1424b6-1424b13」意為殘文對應《大正藏》第 85 冊第 1424 頁中欄（abc 分別表
　　示上中下欄）右起第 6 行至第 1424 頁中欄右起第 13 行。下文仿此。

按：此為《八陽經》殘片，相應文字參見《大正藏》T85／1423a12-1423b5。比勘完整文本，原本每行約十七字。

▲ 圖3　Дx.4286

4. Дx.4600

殘片，如圖4所示，僅存十三殘行，前後及每行下部皆有殘泐，首四行上部亦有殘泐，每行存一到十三字，楷書。

▲ 圖4　Дx.4600

按：此為《八陽經》殘片，相應文字參見《大正藏》T85／1425a7-1425a21。比勘完整文本，原本每行約十七字。

5. Дx.4606

殘片，如圖5所示，共四片。殘片一，僅存八殘行，前後及每行下部皆有殘泐，首二行上部亦有殘泐，每行存四到五字。殘片二，僅

存一殘行，前後上下皆殘泐，存二殘字。殘片三，僅存二殘行，前後上下皆殘泐，存三殘字。殘片四，僅存一殘行，前後上下皆殘泐，存二殘字，皆為楷書。

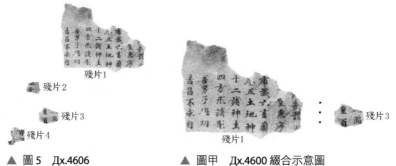

▲ 圖5　Дx.4606　　　　　▲ 圖甲　Дx.4600 綴合示意圖

　　按：殘片 2、殘片 4 各存二殘字難以辨認。殘片 1 為《八陽經》殘片，相應文字參見《大正藏》T85／1422c28-1423a06。比勘完整文本，原本每行約十七字。殘片 3 為《八陽經》殘片，相應文字參見《大正藏》T85／1422b26-1422b27。比勘完整文本，原本每行約十七字。

　　又殘片 1 與殘片 3 可綴合。綴合後如圖甲所示。兩者抄寫行款格式相同（行距相等、行約 17 字、字體大小相近、字間距相近），書風相似（字體俊朗、用筆瘦而有力），書跡似同（比較上下兩組殘片皆有的橫、豎、點等筆畫）。兩件殘片雖不能直接相連（據完整寫本，兩殘片中缺二十九行），但當屬同卷。

　　6. Дx.4608b

　　殘片，如圖 6 所示，僅存十二殘行，後部及每行下部皆有殘泐，第四到十二行上部亦有殘泐，每行存二到八字，楷書。

　　按：此為《八陽經》殘片，相應文字參見《大正藏》T85／1422b15-1422b29。比勘完整文本，原本每行約十七字。

▲ 圖6　Дх.4608b　　　　　　　　　　　　　　　▲ 圖7　Дх.4857

7. Дх.4857

殘片，如圖7所示，僅存四行，前後皆有殘泐，每行約十七字，楷書。

按：此為《八陽經》殘片，相應文字參見《大正藏》T85／1425a8-1425a12。

8. Дх.4944

殘片，如圖8所示，僅存九殘行，前後及每行下部皆有殘泐，每行存六到九字，楷書。

按：此為《八陽經》殘片，相應文字參見《大正藏》T85／1422c9-1422c21。比勘完整文本，原本每行約十七字。

9. Дх.4952

殘片，如圖9所示，僅存七殘行，前後及每行上部皆有殘泐，首三行下部亦有殘泐，每行存三到六字，楷書。

按：此為《八陽經》殘片，相應文字參見《大正藏》T85／1424b15-1424b22。比勘完整文本，原本每行約十七字。

▲ 圖 8　Дх.4944

▲ 圖 9　Дх.4952

10. Дх.11777

　　殘片，如圖 10 所示，僅存四殘行，前後及每行上部皆有殘泐，每行存四到六字，楷書。

　　按：此為《八陽經》殘片，相應文字參見《大正藏》T85／1424b22-1424b26。比勘完整文本，原本每行約十七字。

▲ 圖 10　Дх.11777

▲ 圖 11　Дх.11934

11. Дх.11934

　　殘片，如圖 11 所示，僅存四殘行，前後上下皆有殘泐，每行存八到十二字，楷書。

　　按：此為《八陽經》殘片，相應文字參見《大正藏》T85／1424b26-1424c2。比勘完整文本，原本每行約十七字。

12. Дх.12612

殘片，如圖 12 所示，僅存四殘行，前後上下皆有殘泐，每行存四到九字，楷書。

按：此為《八陽經》殘片，相應文字參見《大正藏》T85／1424b21-1424b26。比勘完整文本，原本每行約十七字。

▲ 圖 12　Дх.12612　　▲ 圖 13　Дх.12637

13. Дх.12637

殘片，如圖 13 所示，僅存七殘行，前後及每行上部皆有殘泐，首三行下部亦有殘泐，每行存二到四字，楷書。

按：此為《八陽經》殘片，相應文字參見《大正藏》T85／1424c1-1424c8。比勘完整文本，原本每行約十八字。

14. Дх.12740

殘片，如圖 14 所示，僅存四殘行，前後及每行上部皆有殘泐，每行存二到五行，楷書。

按：此為《八陽經》殘片，相應文字參見《大正藏》T85／1424b27-1424c2。比勘完整文本，原本每行約十八字。

▲ 圖 14　Дх.12637

　　又按：上揭 Дх.4952 號、Дх.11777 號、Дх.11934 號、Дх.12612 號、
Дх.12637 號、Дх.12740 號可綴合。綴合後如圖乙所示。六件殘片書風相
似（字體俊朗、筆畫有力、筆墨勻厚），書跡似同（比較各殘片中「佛」
「是」「識」等字），行款格式相同（地腳等高、行距相等、行約十七
字、字體大小相近、字間距相近），且內容上下左右相互銜接：Дх.4952
號與 Дх.11777 號左右相接，銜接處分屬兩片的「以」「成」「經」「教」
四字皆可成完璧；Дх.12612 號與 Дх.11777 號上下相接，銜接處分屬兩
片的「明」字得以補全；Дх.11934 號與 Дх.12740 號上下相接，銜接處
分屬兩片的「明」「中」二字拼合無間；Дх.12740 號與 Дх.12637 號左右
相接，銜接處分屬兩片的「即」「來」二字皆得完整。據此，此六片應
可綴合。綴合後所存內容始「▨▨（云何）（名為八陽經）」句，至「演
出大（智度論經）」止，相應文字見《大正藏》T85／1424b15-1424c8。

▲ 圖乙　Дх.4952＋Дх.12612＋Дх.11777＋Дх.11934＋Дх.12740＋Дх.12637
綴合圖 [4]

15. Дх.5078

殘片，如圖 15 所示，
僅存八殘行，前後及每行
下部皆有殘泐，每行存六
到十一字，楷書。

按：此為《八陽經》殘
片，相應文字參見《大正
藏》T85／1423c24-1424a5。
比勘完整文本，原本每行
約十七字。

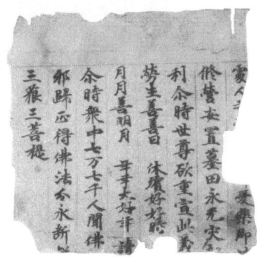

▲ 圖 15　Дх.12637

4　二號可以直接綴合的用「＋」號相連，同一寫卷撕裂但難以直接相連的用「…」相
連。

16. Дx.5114

殘片，如圖 16 所示，共二片。大殘片僅存十一殘行，前後及每行上部皆有殘泐，首六行下部亦有殘泐，每行存三到十四字。小殘片僅存二行，前後及每行下部皆有殘泐，僅存三字，楷書。

按：兩片皆為《八陽經》殘片，小殘片與大殘片第二到三行上下相連，綴合後如圖丙所示。相應文字參見《大正藏》T85／1422b18-1422c3。比勘完整文本，原本每行約十七字。

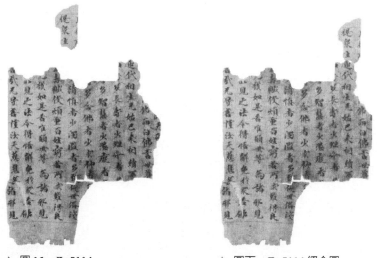

▲ 圖16　Дx.5114　　　　　　　　▲ 圖丙　Дx.5114 綴合圖

17. Дx.5170

殘片，如圖 17 所示，共四殘片，正背面皆有文字。殘片 4-1a，僅存七殘行，後部及每行上部皆有殘泐，每行存三到七字。殘片 4-1b，僅存六殘行（其中一空殘行），前部及每行上部皆有殘泐，每行存二到九字。殘片 4-2a，僅存四殘行，前部及每行上部皆有殘泐每行存三到七字。殘片 4-2b，僅存四殘行（其中一空殘行），後部及每行上部皆有殘泐，每行存一到七字。殘片 4-3a，僅存六殘行，後部及每行上部皆有殘

泐，每行存三到八字。殘片 4-3b，僅存五殘行（其中一空殘行），前部及每行上部皆有殘泐，每行存三到六字。殘片 4-4a，僅存六殘行，後部及每行上部皆有殘泐，每行存四到六字。殘片 4-4b，僅存六殘行，前部及每行上部皆有殘泐，每行存四到七字，皆為楷書。

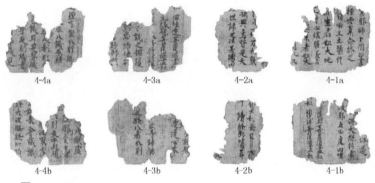

4-4a　　　4-3a　　　4-2a　　　4-1a

4-4b　　　4-3b　　　4-2b　　　4-1b

▲ 圖 17　Дх.5170

按：上揭四片皆為《八陽經》殘片，為同屬一冊的連續四頁。綴合後如圖丁所示。各殘片行款格式相同（地腳等高、有烏絲欄、換段提行、行距相等、行約十四字、字體大小相近、字間距相近）書風相似（字體楷書不工、筆畫粗細相間）書跡似同（比較眾殘片中的捺筆，都是筆畫粗且筆墨濃重），因此判定它們是連續的四頁。四頁前後順序依次是 4-2b，4-2a，4-1a，4-1b，4-3a，4-3b，4-4a，4-4b。其中 4-2a，4-1b，4-3b，4-4b，分別為 4-2b，4-1a，4-3a，4-4a 的反面。比定完整寫本，4-2 頁左部殘約六行，4-1 頁左部殘約三行，4-3 頁左部殘約四行，4-4 頁左部殘約四行。相應文字參見《大正藏》T85／1423c29-1424c7。

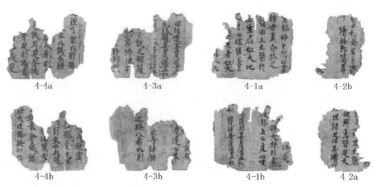

4-4a　　　　　4-3a　　　　　4-1a　　　　　4-2b

4-4b　　　　　4-3b　　　　　4-1b　　　　　4 2a

▲ 圖丁　Дх.5170 綴合圖

18. Дх.5257

殘片，如圖 18 所示，僅存六殘行，前後及每行下部皆有殘泐，每
行存八到十字，楷書。

按：此為《八陽經》殘片，相應文字參見《大正藏》T85／1424b2
-1424b8。比勘完整文本，原本每行約十七字。

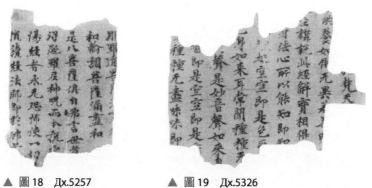

▲ 圖 18　Дх.5257　　　　　▲ 圖 19　Дх.5326

19. Дх.5326

殘片，如圖 19 所示，僅存九殘行，前後上下皆有殘泐，每行存三
到九字，楷書。

按：此為《八陽經》殘片，相應文字參見《大正藏》T85／1423bl-1423bl0。比勘完整文本，原本每行約十七字。

20. Дх.5542

殘片，如圖 20 所示，僅存三殘行，前後及上部皆有殘泐，每行存七到八字，楷書。

按：此為《八陽經》殘片，相應文字參見《大正藏》T85／1423b20-1423b23。比勘完整文本，原本每行約十七字。

21. Дх.5620

殘片，如圖 21 所示，僅存十三殘行，前後及每行下部皆有殘泐，第七到十三行上部亦有殘泐，每行存二到十二字，楷書。

按：此為《八陽經》殘片，相應文字參見《大正藏》T85／1423b4-1423b18。比勘完整文本，原本每行約十七字。

▲ 圖 21　Дх.5620

▲ 圖 22　Дх.5779

22. Дх.5779

殘片，如圖 22 所示，僅存六殘行，前後及每行上部皆有殘泐，每行存四到五字，楷書。

按：此為《八陽經》殘片，相應文字參見《大正藏》T85／1425al8

-1425a25。比勘完整文本，原本每行約十七字。

23. Дх.9893＋Дх.9895＋Дх.9896

殘片，如圖 23 所示，僅存二十七殘行，前後上下皆有殘泐，每行存三到九字楷書。

▲ 圖 23　　Дх.9893＋Дх.9895＋Дх.9896

按：此為《八陽經》殘片，相應文字參見《大正藏》T85／1424c7-1425a24。比勘完整文本，原本每行約十八字。

又按：以上 Дх.5779 號、Дх.9893＋Дх.9895＋Дх.9896 號殘片可與Дх.1695 號綴合。綴合後如圖戊所示。Дх.1695 號與 Дх.5779 號內容左右相銜接，銜接處分屬兩片的「穿穴五藏」諸字可成完璧，且地腳等高，烏絲欄密合無間，當可綴合無疑。Дх.9893 號、Дх.9895 號、Дх.9896 號綴合而成的殘片為寫卷上部，每行僅存三到九字；Дх.1695 號與 Дх.5779號綴合而成的殘片為寫卷下部，每行僅存四到七字；根據殘行首尾文字，比對完整寫本，此卷若完整每行當約十七字。因此綴合後卷中仍有殘缺，不可直接相接。但 Дх.1695 號與 Дх.5779 號綴合而成的殘片的前行末字與 Дх.9893 號、Дх.9895 號、Дх.9896 號綴合而成殘片的次行首字均前後相接。如 Дх.1695 號第二行止於「比丘比丘尼」的「比丘」，Дх.9893、9895、9896 號相接的次行（第十行）起於同句的「比丘尼」，其後各句仿此。此外，五殘片抄寫行款格式相同（天頭地腳等高、有烏絲欄、提行頂格、行距相等、行約十七字、字體大小相近、字間距

相近），書風相似（字體方正、筆墨濃粗），書跡似同（比較上下兩組殘片皆有的「無」「一」「佛」「説」「切」等字），可資佐證。因此，上下兩組殘片亦當屬於同一寫卷。上揭五殘片綴合後所存內容始「（阿賴耶）識天」句，至「▨（邪）正由汝己」句止，相應文字見《大正藏》T85／1424c7-1425a25。

Дх. 9893＋Дх. 9895＋Дх. 9896

Дх. 5779

Дх. 1695

▲ 圖戊　　Дх.9893＋Дх.9895＋Дх.9896…Дх.1695＋Дх.5779 綴合圖

24. Дх.5905

殘片，如圖 24 所示，僅存六殘行，前後上下皆有殘泐，每行存八到十字，楷書。

按：此為《八陽經》殘片，相應文字參見《大正藏》T85／1423b8-1423b13。比勘完整文本，原本每行約十七字。

▲ 圖 24　Дх.5905

25. Дх.5968

殘片，如圖 25 所示，僅存十五殘行，前後及每行下部皆有殘泐，第五到六行上部亦有殘泐，每行存五到十三字，楷書。

按：此為《八陽經》殘片，相應文字參見《大正藏》T85／1422b17-1422c4。比勘完整文本，原本每行約十七字。

▲ 圖 25　Дх.5968　　　　　　　　▲ 圖 26　Дх.5992

26. Дх.5992

殘片，如圖 26 所示，僅存七殘行，前後及每行下部皆有殘泐，首行上部亦有殘泐，每行存一到七字，楷書。

按：此為《八陽經》殘片，相應文字參見《大正藏》T85／1422bl5-1422b21。比勘完整文本，原本每行約十七字。

27. Дх.6395

殘片，如圖 27 所示，僅存五殘行，前後及每行下部皆有殘泐首行上部亦有殘泐，每行存二到九字，楷書。

按：此為《八陽經》殘片，相應文字參見《大正藏》T85／1424b2-1424b6。比勘完整文本，原本每行約十七字。

▲ 圖 27　Дх.6395　　　▲ 圖 28　Дх.6577

28. Дх.6577

殘片，如圖 28 所示，僅存七殘行，前後及每行下部皆有殘泐，每行存十四到十六字，楷書。

按：此為《八陽經》殘片，相應文字參見《大正藏》T85／1422b21-1422c3。比勘完整文本，原本每行約十七字。

29. Дх.6651

殘片，如圖 29 所示，僅存三殘行，前後及每行上部皆有殘泐，每行存五到十字，楷書。

按：此為《八陽經》殘片，相應文字參見《大正藏》T85／1423c26-1423c29。比勘完整文本，原本每行約十七字。

30. Дх.6671

殘片，如圖 30 所示，僅存六殘行，前後上下皆有殘泐，每行存四到十二字，楷書。

按：此為《八陽經》殘片，相應文字參見《大正藏》T85／1424b21-1424b28。

▲ 圖 29　Дx.6651　　　　▲ 圖 30　Дx.6671　　　　▲ 圖 31　Дx.7034

31. Дx.7034

殘片，如圖 31 所示，僅存二殘行，前後及下部皆有殘泐，前行存六字，後行存若干殘筆，楷書。

按：此為《八陽經》殘片，相應文字參見《大正藏》T85／1423b8-1423b9。原本每行字數可能約六字。

32. Дx.8493

殘片，如圖 32 所示，僅存五殘行，前後及每行下部皆有殘泐，每行存二到八字，楷書。

按：此為《八陽經》殘片，相應文字參見《大正藏》T85／1422b25-1422c2。比勘完整文本，原本每行約十九字。

▲ 圖 32　Дx.8493

▲ 圖 33　Дx.8817

33. Дх.8817

殘片，如圖 33 所示，僅存五殘行，前後上下皆有殘泐，每行存三字，楷書。

按：此為《八陽經》殘片，相應文字參見《大正藏》T85／1423a7-1423a12。比勘完整文本，原本每行約十七字。

34. Дх.9568

殘片，如圖 34 所示，僅存七殘行，前後及每行下部皆有殘泐，每行存六到十一字，楷書。

按：此為《八陽經》殘片，相應文字參見《大正藏》T85／1422c5-1422c14。比勘完整文本，原本每行約二十二字。

35. Дх.9894

殘片，如圖 35 所示，僅存一殘行，前後上下皆有殘泐，行存七字，楷書。

按：此為《八陽經》殘片，相應文字參見《大正藏》T85／1424b5-1424b6。原本每行字數暫難確定。

▲ 圖 34　Дх.9568　　　▲ 圖 35　Дх.9894　　　▲ 圖 36　Дх.10230

36. Дх.10230

殘片，如圖 36 所示，僅存五行，前後上下皆有殘泐，每行十四到十八字，楷書。

按：此為《八陽經》殘片，相應文字參見《大正藏》T85／1423a8-
1423a13。

37. Дх.10231

殘片，如圖 37 所示，僅存二十二殘行（其中二行空白），前後及
每行上部皆有殘泐，首四行下部亦有殘泐，每行存二到十一字，楷書。

按：此為《八陽經》殘片，相應文字參見《大正藏》T85／
1422c27-1423a21。比勘完整文本，原本每行約十七字。

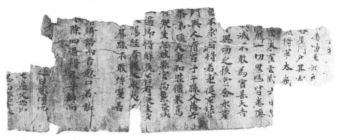

▲ 圖 37　Дх.10231

38. Дх.10232

殘片，如圖 38 所示，僅存二十七殘行（左起第三行為一空殘行），
前後及每行上部皆有殘泐，尾三行下部亦有殘泐，每行存二到十一
字，楷書。

▲ 圖 38　Дх.10232

按：此為《八陽經》殘片，相應文字參見《大正藏》T85／1422c14-
1423a16。比勘完整文本，右起第一行與第二行間缺四行，原本每行約

十七字。

39. Дх.10344

殘片，如圖 39 所示，僅存十一殘行，前後及每行下部皆有殘泐，每行存四到十五字，楷書。

▲ 圖 39　Дх.10344

按：此為《八陽經》殘片，相應文字參見《大正藏》T85／1425a7-1425a18。比勘完整文本，原本每行約十七字。

40. Дх.11055

殘片，如圖 40 所示，僅存二十二殘行，前後及每行上部皆有殘泐，尾六行下部亦有殘泐，每行存一到八字，楷書。

▲ 圖 40　Дх.11055

按：左下角小殘片為《大乘百法明門論開宗義記》殘片，相應文字參見《大正藏》T85／1047c21-1047c24。大殘片為《八陽經》殘片，

相應文字參見《大正藏》T85／1422c19-1423a12。比勘完整文本，原本每行行字不等，約十七到二十一字。

41. Дх.11813

殘片，如圖41所示，僅存九殘行（其中一行空白），前後上下皆有殘泐，每行存四到六字，楷書。

按：此為《八陽經》殘片，相應文字參見《大正藏》T85／1423a10-1423a19。比勘完整文本，原本每行約十七字。

▲ 圖41　Дх.11813　　　　　▲ 圖42　Дх.11850

42. Дх.11850

殘片，如圖42所示，僅存六殘行，前後上下皆有殘泐，每行存一到五字，楷書。

按：此為《八陽經》殘片，相應文字參見《大正藏》T85／1423a1-1423a6。比勘完整文本，原本每行約十七字。

又按：上揭Дх.11813號、Дх.11850號殘片可綴合，但難以直接綴合，比對完整寫本，其間仍缺三行。綴合後如圖己所示：

Дх.11813

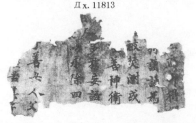

Дх.11850

▲ 圖己　Дх.11850…Дх.11813綴合示意圖

43. Дx.11815

殘片，如圖 43 所示，僅存十殘行，前後上下皆有殘泐，每行存三到十一字，楷書。

按：此為《八陽經》殘片，相應文字參見《大正藏》T85／1424b8-1424b20。比勘完整文本，原本每行約十七字。

▲ 圖43　Дx.11815　　　　　▲ 圖44　Дx.11898

44. Дx.11898

殘片，如圖 44 所示，僅存十殘行，前後上下皆有殘泐，每行存五到九字，楷書。

按：此為《八陽經》殘片，相應文字參見《大正藏》T85／1424a27-1424b9。比勘完整文本，原本每行約十七字。

45. Дx.11910

殘片，如圖 45 所示，僅存八殘行（其中空二殘行）前後及每行上部皆有殘泐，尾行下部亦有殘泐，每行存二到六字，楷書。

按：此為《八陽經》

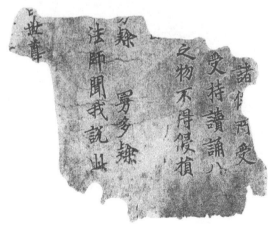

▲ 圖45　Дx.11910

殘片，相應文字參見《大正藏》T85／1424b5-1424b15。比勘完整文本，原本每行約十七字。

　　又按：上揭 Дx.11815 號、Дx.11898 號、Дx.11910 號三片可綴合，綴合後如圖庚所示。此三片抄寫行款格式相同（行距相等、字體大小相近、字間距相近），書風相近（字體端正、筆畫纖細有力且橫細豎粗），書跡似同（比較三者皆有的「口」「言」等構件，橫、捺、鉤等筆畫），應可綴合。如圖庚所示，綴合後三片內容上下左右相互銜接：Дx.11898 號與 Дx.11815 號左右相接，銜接處分屬兩片的「前」字合而為一；Дx.11898 號與 Дx.11910 號上下相接，銜接處分屬兩片的「日」字得成完璧；Дx.11815 號與 Дx.11910 號上下相接，銜接處原本分屬兩片的「曼」字「言」字密合無間，天衣無縫。上揭三殘片綴合後所存內容始「（承佛）威神」句，至「了能分別八識」句止，相應文字見《大正藏》T85／1424a27-1424b20。

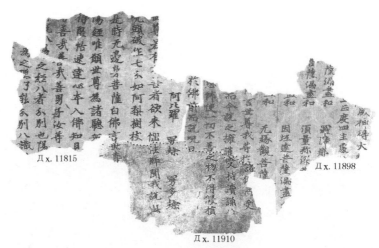

▲ 圖庚　Дx.11898＋Дx.11815＋Дx.11910 綴合圖

46. Дх.11817

殘片，如圖 46 所示，僅存三殘行，前後及每
行上部皆有殘泐，每行存五到六字，楷書。

按：此為《八陽經》殘片，相應文字參見《大
正藏》T85／1423b14-1423bl7。比勘完整文本，原
本每行約十七字。

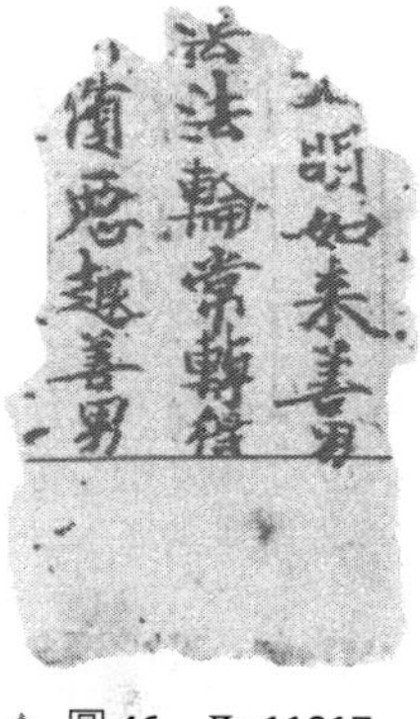

47. Дх.11843

殘片，如圖 47 所示，僅存七殘行，前後上下
皆有殘泐，每行存六到十一字，楷書。

▲ 圖46　Дх.11817

按：此為《八陽經》殘片，相應文字參見《大正藏》T85／
1424a18-1424a25。比勘完整文本，原本每行約十七字。

▲ 圖47　Дх.11843

▲ 圖48　Дх.11896

48. Дх.11896

殘片，如圖 48 所示，僅存五殘行，前後及每行上部皆有殘泐，每
行存三到六字，楷書。

按：此為《八陽經》殘片，相應文字參見《大正藏》T85／
1424a19-1424a24。比勘完整文本，原本每行約十七字。

又按：上揭 Дх.11843 號、Дх.11896 號二片可綴合，綴合後如圖辛
所示：

▲ 圖辛　Дх.11843＋
　　　　Дх.11896 綴合圖

▲ 圖 49　Дх.11852

49. Дх.11852

殘片，如圖 49 所示，僅存九殘行（其中一空殘行），前後上下皆有殘泐，每行存一到六字，楷書。

按：此為《八陽經》殘片，相應文字參見《大正藏》T85／1424a24-1424b3。比勘完整文本，原本每行約十七字。

50. Дх.11870

殘片，如圖 50 所示，僅存八行，前後皆有殘泐，首行上部亦有殘泐，每行十六到十八字，楷書。

按：此為《八陽經》殘片，相應文字參見《大正藏》T85／1423a25-1423b6。

51. Дх.11916

殘片，如圖 51 所示，僅存七殘行，前後及每行上部皆有殘泐，每行存六到十字，楷書。

▲ 圖 50　Дх.11870

按：此為《八陽經》殘片，相應文字參見《大正藏》T85／1423b6-1423b13。比勘完整文本，原本每行約十七字。

又按：上揭 Дх.11870 號、Дх.11916 號二片可綴合，綴合後如圖壬

所示。此二片行款格式相同（地腳等高、有烏絲欄、行距相等、行約十七字、字體大小相近、字間距相近），書風相似（筆畫纖細，常有曲筆），書跡似同（比較二片皆有的「如」「來」「即」等字），當可綴合。如圖 18 所示，Дх.11870 號在前，Дх.11916 號在後，二片右左相接，銜接處分屬兩片的「空」可成完璧，烏絲欄亦密合無間，其為同一寫卷之殘片無疑。相應文字見《大正藏》T85／1423a25-1423b13。

 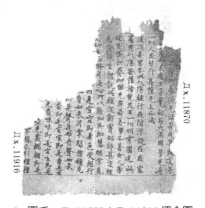

▲ 圖 51　Дх.11916　　　▲ 圖壬　Дх.11870＋Дх.11916 綴合圖

52. Дх.11953

殘片，如圖 52 所示，僅存二殘行，前後及每行上部皆有殘泐，第一行存四字，第二行存二字，楷書。

按：此為《八陽經》殘片，相應文字參見《大正藏》T85／1423a5-1423a6。比勘完整文本，原本每行約十七字。

53. Дх.12015

殘片，如圖 53 所示，僅存三殘行，前後上下皆有殘泐，每行存五到六字，楷書。

按：此為《八陽經》殘片，相應文字參見《大正藏》T85／1424b8-1424b12。原本每行字數暫難確定。

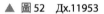

▲ 圖 52　Дх.11953　　　▲ 圖 53　Дх.12015　　　▲ 圖 54　Дх.12101R

54. Дх.12101R

　　殘片，如圖 54 所示，僅存一殘行，前後及存行上部皆有殘泐，存六殘字，楷書。

　　按：上揭殘片可能是《八陽經》殘片，因為這組文字在多部經文中存在。相應文字參見《大正藏》T85／1423b26-1423b27。原本每行字數暫難確定。

55. Дх.12415V

　　殘片，如圖 55 所示，僅存四殘行，前後及每行上部皆有殘泐，每行存二到六字，楷書。

　　按：此為《八陽經》殘片，相應文字參見《大正藏》T85／1423c3-1423c5。比勘完整文本，原本每行為五到六字。

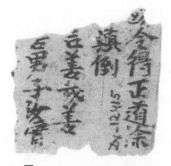

▲ 圖 55　Дх.12415V　　　　　　▲ 圖 56　Дх.12554

56. Дх.12554

殘片，如圖 56 所示，僅存七殘行，前後及每行下部皆有殘泐，每行存三到九字，楷書。

按：此為《八陽經》殘片，相應文字參見《大正藏》T85／1423a7-1423a13。比勘完整文本原本每行約十七字。

57. Дх.12577

殘片，如圖 57 所示，僅存六殘行，前後上下皆有殘泐，每行存七到十字，楷書。

按：此為《八陽經》殘片，相應文字參見《大正藏》T85／1425a25-1425b3。比勘完整文本，原本每行約十七字。

▲ 圖 57　Дх.12577　　　▲ 圖 58　Дх.12586

58. Дх.12586

殘片，如圖 58 所示，僅存六殘行，前後上下皆有殘泐，每行存二到五字，楷書。

按：此為《八陽經》殘片，相應文字參見《大正藏》T85／1423a7-1423a13。比勘完整文本，原本每行約十七字。

59. Дх.12593

殘片，如圖 59 所示，僅存三殘行，前後及每行下部皆有殘泐，每行存十到十三字，楷書。

按：此為《八陽經》殘片，相應文字參見《大正藏》T85／1423a4-

1423a6。比勘完整文本，原本每行約十七字。

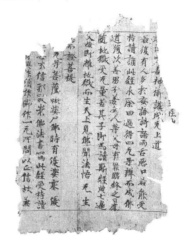

▲ 圖 59　Дх.12593　　　▲ 圖 60　Дх.12790

60. Дх.12790

　　殘片，如圖 60 所示，僅存十一行，前後、首行上下部及尾四行上部皆有殘泐，每行存三到十七字，楷書。

　　按：此為《八陽經》殘片，相應文字參見《大正藏》T85／1423a12-1423a25。比勘完整文本，原本每行約十七字。

　　61. Дх.15463

　　殘片，如圖 61 所示，僅存三殘行，前後上下皆有殘泐，每行存七到十一字，楷書。

　　按：此為《八陽經》殘片，相應文字參見《大正藏》T85／1423c26-1423c28。原本每行字數暫難確定。

　　62. Дх.17529

　　殘片，如圖 62 所示，僅存一殘行，前後上下皆有殘泐，存四字，楷書。

　　按：此為《八陽經》殘片，相應文字參見《大正藏》T85／

1423c28。原本每行字數暫難確定。

▲ 圖 61　Дх.15463　　　　▲ 圖 62　Дх.17529　　　　▲ 圖 63　Дх.18395

63. Дх.18395

殘片，如圖 63 所示，僅存三殘行，前後上下皆有殘泐，每行存五到八字，楷書。

按：此為《八陽經》殘片，相應文字參見《大正藏》T85／1423c23-1423c25。比勘完整文本，原本每行約二十字。

通過上述考定，較為系統地描述了俄藏未定名《八陽經》殘片的狀貌，對進一步整理研究敦煌本《八陽經》具有重要的意義。

首先，有助於敦煌本《八陽經》寫卷的全面蒐集。經普查，至今已刊布的敦煌寫本文獻中已定名《八陽經》寫卷共二三八件，而這批新定名的殘片多達六十三件，超過已定名寫卷數量的四分之一，補充了大量該經的異本，使得寫卷蒐集工作更加全面完備。

其次，有助於敦煌本《八陽經》殘片的綴合。通過考察，我們看到這些新定名殘片往往可多片相互綴合。如 Дх.4606、Дх.5114、Дх.5170 號三組，各號新定名殘片所含的多個小殘片可相互綴合。又如 Дх.4952 ＋ Дх.12612 ＋ Дх.11777 ＋ Дх.11934 ＋ Дх.12740 ＋ Дх.12637、

Дх.9893＋Дх.9895＋Дх.9896…Дх.1695＋Дх.5779、Дх.11850…Дх.11813、Дх.11898＋Дх.11815＋Дх.11910、Дх.11843＋Дх.11896、Дх.11870＋Дх.11916 號，這六組綴合中，多號新定名殘片可相互綴合。以上九組綴合都得益本次殘片考定的成果。

另外，也有助於《八陽經》文本的校定。如前所述，清代以前中國歷代藏經均未收入《八陽經》，《大日本續藏經》和《大正新修大藏經》雖有錄文，但錄文內容多有存疑、費解之處，所據底本與所參「鮮本」的來源與狀貌又未得其詳。敦煌寫卷的發現為重新校錄《八陽經》提供了豐富而可靠的材料，這批新定名殘片也提供了一些重要的異文資料。如《續藏經》本中的「甚大吉利，善神加護，延年益壽，福德具足」，BD15051 作「甚大吉利，獲福無量」，新定名殘片 Дх.11055 則作「甚大吉利，獲無量福」；又如《續藏經》本「令得醒悟，速達本心」句「本心」一詞，新定名殘片 Дх.11815 則作「心本」；又如《續藏經》本「舌常了種種無盡味」句「了」一詞，新定名殘片 Дх.5620 則作「覺」。這些異文都為後續的校錄提供了豐富的比定材料。

參考文獻

張涌泉《敦煌文獻定名研究》，《中華文史論叢》2011 年第 2 期，第 327-407 頁。

（本篇與羅慕君合寫，原載《敦煌研究》2014 年第 3 期）

參

敦煌寫本羽 326 號殘卷敍錄

　　最近刊布的《敦煌秘笈》影本第四冊，載羽 326 號殘卷[1]，存三紙，首尾皆缺，存五十七行，行十六字左右。原卷如圖所示：

　　《李氏鑑藏敦煌寫本目錄》原題「父母恩重經殘卷」，《敦煌秘笈》改題「報慈母十恩德並父母恩重」。其中前五行講述父母十種恩德，《敦煌秘笈》稱為「十恩德詞」；第六行「佛告阿難」以下，《敦煌秘笈》稱「不知題，內容與《大正藏》卷八五所載《佛說善惡因果經》相似」。今核殘卷，殘存字句與上圖藏敦煌寫本 119 號、P.3919A-2 號《佛說父母恩重經》基本相同，知其實為該系統《佛說父母恩重經》的又一寫本。

　　敦煌文獻中有《佛說父母恩重經》寫本六十多號，根據內容和字

1　《敦煌秘笈》影本第 4 冊，大阪：武田科學振興財團，2011 年，第 478-480 頁。《敦煌秘笈》係影印日本武田科學振興財團杏雨書屋所藏原羽田亨藏敦煌寫本（來源於清末李盛鐸舊藏）。

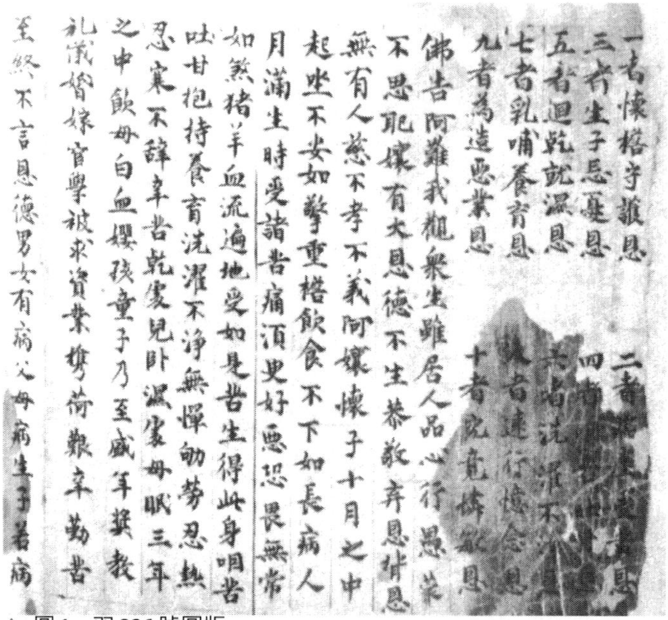

一者懷躭守護恩
三者生子忘憂恩
五者迴乾就濕恩
七者洗浣不淨恩
九者為造惡業恩

二者臨產受苦恩
四者咽苦吐甘恩
六者乳哺養育恩
八者遠行憶念恩
十者究竟憐愍恩

佛告阿難我觀眾生雖居人品心行愚蒙不思耶孃有大恩德不生恭敬弃恩忘德無有人慈不孝不義阿孃懷子十月之中起坐不安如擎重檐飲食不下如長病人月滿生時受諸苦痛須臾好惡恐畏無常如煞猪羊血流遍地受如是苦生得此身啼吐甘抱持養育洗濯不淨無憚劬勞忍熱忍寒不辭辛苦乾處兒卧濕寰母眠三年之中飲母白血嬰孩童子乃至盛年教示礼儀智錄官學被求資業荷辩辛勤書至終不言恩德男女有病父母病生子苦病

▲ 圖1　羽 326 號圖版一

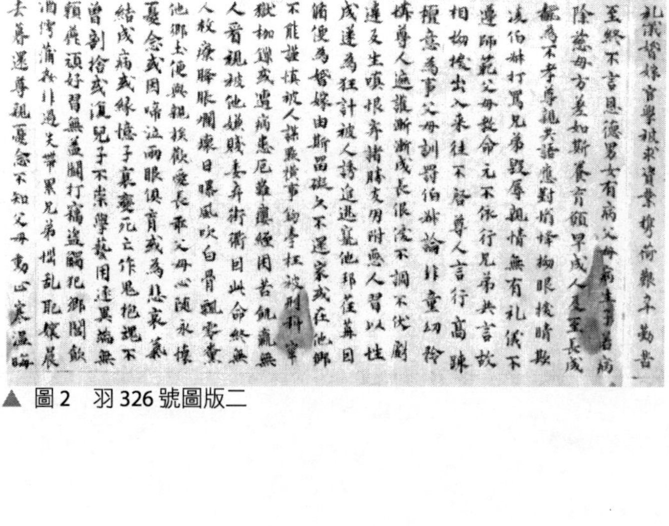

礼儀智錄官學被求資業荷辩辛勤書至終不言恩德男女有病父母病生子苦病陰慈母方差如斯養育額早成人冀其長成還為不孝導遮共語應對脩脩揚眉掞眼流伯姉打罵兄弟親命元不依行見弟姑妗邊師範父母教命一不依行無有礼儀下孃父兄言敘相拗柭出入來往不啓尊人言行高麤擅意為事父母訓誨外別論詞非切教示童子反生嗔恨不受勸化違過為奸計被人誘引遂造家成在他師逹走他鄉由斯背義離家或在他師成狂根苗義別招然由附應心腎以性隨便愴忙遭狂計被人誑事鉤牽以性成狂根苗附引遂造家成在他...不能謹慎愴忙遭狂計被人誑事狄被刑罪獄枷禁繫遭病厄難橫纏困苦飢病人看視被他橫賤困苦然無人收養被棄捐疫日此命終無曾割捨病或緣懸子其...云作思把把不曾割捨病或緣懸子其衾裳云作思把把不他鄉土地與飢散疫日曝風吹白骨縱永懷結成病疾緣懸子...裳云作思把把不他鄉土地與飢散疫日曝風吹白骨縱永懷去壽逺遊還憶念不知父母憂心寒邁賴...項仔習無益圖打竊鄉飲酒博戲浦飲非過失帶累兄弟惱乱耶孃晨

▲ 圖2　羽 326 號圖版二

▲ 圖 3　羽 326 號圖版三

句的差異，筆者把它們劃歸四個系統：甲本，有丁蘭、董黯、郭巨等孝子故事；乙本、丙本，無丁蘭、董黯、郭巨等孝子故事，源於甲本而有刪改；丁本，字句與甲、乙、丙本完全不同，其中有父母十恩德和十八地獄的具體陳述，為敦煌寫本《父母恩重經講經文》《父母恩重讚》、大足石刻《父母恩重經變相》等通俗文學藝術作品所本，現在民間流傳的題署「姚秦三藏法師鳩摩羅什奉詔譯」的《佛說父母恩重難報經》也是這一系統經本的嫡傳。筆者在類聚、敍錄、比勘的基礎上，曾對上揭各系統的《佛說父母恩重經》及民間流傳的《佛說父母恩重難報經》作過詳細校訂。[2] 其中丁本系統較早時所見僅 P.3919A-2 號一件（以下簡稱丁₂本），後來又增加上圖 119 號一件（以下簡稱丁₁本）。現在因羽 326 號殘卷的刊布（以下簡稱丁₃本），丁本系統又增加了一個新的本子，這是令人欣喜的。該本卷首約缺六行，後部約缺近

2　《以父母十恩德為主題的佛教文學藝術作品探源》，載《原學》第 2 輯，北京：中國廣播電視出版社，1995 年；《敦煌本〈佛說父母恩重經〉研究》，載《文史》1999 年第 4 輯。

　　五分之二，所存不足全文之一半，然頗有可糾正丁₁、丁₂本之誤者。如該本以下六例：

　　例一，乾處兒臥，濕處母眠；三年之中，飲母白血。

　　按：「白血」P.2418 號、北 8672（河 12）號《父母恩重經講經文》引同，丁₁本、丁₂本作「白乳」。「白血」本指白色的血（如《穆天子傳》卷四：「雷水之平寒……爰有黑羊白血。」），古人以為乳由血變，故稱乳汁為白血，經中寓指母親奉獻給子女的不是普普通通的乳汁，而是她的心血，說明父母養育子女的不易。倘作「白乳」，就顯得過於平易了。

　　例二，拗眼捩睛，欺淩伯叔。

　　按：「捩」字丁₁、丁₂本皆作「路」，P.2418 號《父母恩重經講經文》引作「列」，皆誤，丁₃本作「捩」是也。《玉篇‧手部》：「捩，力計、力結二切，拗捩也。」「拗捩」乃同義連文。「拗眼」「捩睛」則屬互文同義，謂側目而視，喻指違逆不順，正與經義密合。唐宗密《圓覺經道場修證儀》卷五圓覺道場禪觀法事禮懺文：「父母教招，縢聲努氣；兄弟勸誨，邪眼捩睛。」亦用「捩睛」一詞。唐韓愈《寄崔二十六立之》詩：「四座各低面，不敢捩眼窺。」「捩睛」猶「捩眼」也。異本作「列」作「路」，當皆為「捩」的音誤字。

　　例三，父母教命，元不依行；兄弟共言，故相拗捩。

　　按：「拗捩」丁₁、丁₂本作「叫捩」。「拗捩」為違逆不順義，與經義密合。今寺廟中流傳的《佛說父母恩重難報經》[3]此句作「每相違戾」，「拗捩」猶「違戾」。唐不空譯《大乘瑜伽金剛性海曼殊室利千臂千鉢

3　筆者所據為浙江天台國清寺 1987 年 4 月翻印的《佛說父母恩重難報經》，署「姚秦三藏法師鳩摩羅什奉詔譯」。

大教王經》卷十：「其性拗捩，出語直突。」「拗捩」義同。「叫捩」載籍罕覯，義亦稍隔，或不可從。

例四，漸漸成長，很侯不調。

按：「很恨」丁₁、丁₂本作「很淚」。《廣韻·霽韻》郎計切：「戾，乖也。……又很戾。」接云：「侯，很侯。俗。」「很」「很」古異體字，今字作「狠」；「侯」則即「戾」的增旁俗字。故「很侯」即「很戾」、「狠戾」，合於文義。丁₁、丁₂本的「淚」則當是「戾」的音誤字。

例五，被他嫌賤，委棄街衢。

按：「嫌賤」謂厭惡、輕視。「賤」字丁₁本作「殘」，誤；丁₂本作「嫨」，則是涉上「嫌」字類化換旁。

例六，異性他宗，情深眷重；自家骨肉，卻以為疏。

按：「性」當校讀作「姓」。前二句今傳《佛說父母恩重難報經》作「異姓他宗，情深眷重」，可為校字之證。丁₁本作「異性宗情深眷重」，有脫誤；丁₂本作「異性宗情深眷屬重」，句意不暢，亦有訛誤。

上揭六例，乃其犖犖大者，可據以糾正丁₁本、丁₂本之疏舛。此外，其他一些異文亦頗有可以比觀互勘者，現羅列如下，以供參酌。

三者生子忘憂恩　　「忘」字丁₁本同，丁₂本誤作「妄」。

五者回乾就濕恩，六者洗濯不淨恩，七者乳哺養育恩，八者遠行憶念恩，九者為造惡業恩　　「五者」至「九者」的序次，丁₂本同，丁₁本作「五者乳哺養育恩，六者回乾就濕恩，七者洗濯不淨恩，八者為造惡業恩，九者遠行憶念恩」。

十者究竟憐愍恩　　「竟」字丁₂本誤作「鏡」。又「愍」字丁₁本作「愍」，丁₂本作「慜」。唐代避李世民諱，「愍」字所從的構件「民」或缺筆，或改避作「每」；「愍」當又為「慜」字省借。

棄恩背恩　　「背」字丁₂本同，丁₁本誤作「軰（輩）」。

三年之中　　「之」字丁₁本同，丁₂本音誤作「諸」。

獎教禮儀　　「獎」字丁₁本同，丁₂本省借作「將」。

婚嫁窟學　　「窟」為「宦」的換旁俗字，丁₂本正作「宦」；丁₁本誤作「官」。

慈母方差　　丁₁本同，丁₂本作「父慈母方差」，P.2418 號《父母恩重經講經文》一引作「父母方差」，再引作「母病方差」。按此句承上文「父母病生」句而來，則似當以作「父母方差」為長。

欺凌伯叔　　「欺凌」P.2418 號《父母恩重經講經文》引同，丁₁本、丁₂本作「欺陵」，「陵」「凌」音同義通。

遂為狂計　　「狂計」丁₁本、丁₂本作「任計」。

橫事鉤牽　　「鉤」字丁₂本同，丁₁本形誤作「釣」。

枉被刑科　　丁₁本同，丁₂本誤作「狂被形科」。

無人看視　　「看視」丁₁本、丁₂本作「看侍」。

歡愛長乖　　「歡愛」丁₁本同，丁₂本誤作「勸受」。

用逐異端　　「用」字丁₁本作「**用**」，丁₂本作「**用**」，文中當是「朋」字俗訛；「朋」字俗書作「**朋**」（上文「朋附惡人」的「朋」丁₂本作此形），進一步訛變則與「用」字相混無別。「朋逐」謂結夥追逐。

動止寒溫　　「止」字丁₁本同，丁₂本誤作「心」。

形兒衰羸　　「形」字丁₂本同，丁₁本誤作「刑」。

由若客人　　「由」字丁₁本同，通「猶」，丁₂本正作「猶」。

寄居他舍　　「舍」字丁₁本同，丁₂本誤作「捨」。

應索饌物　　「索」字丁₁本同，丁₂本作「色」，音借字（「色」「索」二字敦煌文獻中通用）。

供養尊親　　「供」字丁₁本同，丁₂本音誤作「恭」。

每詐羞慚　　「慚」字丁₁本同，丁₂本誤作「漸」。

尊者嗔呵，全無畏伏　　「畏伏」丁₁本、丁₂本皆作「畏懼」。按「伏」通「服」。《陳書·程靈洗傳》：「靈洗素為鄉里所畏伏，前後守長恒使召募少年，逐捕劫盜。」

父母微瞋　　「微」字丁₁本同，丁₂本形誤作「徵」。

自家骨血　　「骨血」丁₁本、丁₂本皆作「骨肉」。按：「骨血」猶「骨肉」。斯 2501 號《四分戒本疏》卷二：「所言親里者，父母七世骨血之親。」

無心戀暮　　「暮」字丁₂本作「墓」，皆誤；丁₁本作「慕」，當據正。

斷絕消息　　「消息」丁₁本同，丁₂本誤作「逍息」。

今悟知非　　「悟」字丁₁本同，丁₂本作「吾」。

（原載《中國俗文化研究》第 8 輯，巴蜀書社，2013 年）

第二編　綴合論

壹

敦煌殘卷綴合研究

　　甲骨文有綴合的問題，敦煌文獻也有綴合的問題。敦煌殘卷的綴
合是敦煌文獻整理研究的基礎工作之一。

一、問題的提出

　　在討論這個題目以前，有必要對敦煌文獻流散的情況作一個簡要的
交代。

　　一九〇〇年六月二十二日，王道士發現了莫高窟藏經洞，洞內「有
白布包等無數，充塞其中，裝置極整齊，每一白布包裹經十卷」[1]。稍
後，王道士把一些精美的寫經和畫卷送給安肅道道臺廷棟和敦煌縣長
汪宗翰等人。不難推想，充滿「好奇心」的王道士當年肯定已把那些
白布包打開檢視過一番。一九〇七年五月，斯坦因騙取王道士的信
任，在翻檢藏經洞藏品的基礎上，攫取了大批寫本文獻。

　　一九〇八年二月，法國漢學家伯希和進入藏經洞挑選寫本，特別

1　謝稚柳《敦煌石室記》，上海：自印本，1949 年，第 3 頁。

留意擇取背面有非漢語的卷子和帶有題記的卷子。一九一〇年，清朝學部電令甘肅省，將藏經洞劫餘之物悉數押運北京（今藏國家圖書館）。此前，王道士已偷偷窩藏了不少寫本。經過這樣幾番搗騰，藏經洞藏品的原狀已被極大改變，許多寫本業已身首分離。而由甘肅押運北京的寫卷，由於押運者監守自盜，攫取菁華後又把部分寫本截為數段以充數，又人為導致一些寫本的割裂。一九一四至一九一五年，奧登堡率領的俄國西域考察團到敦煌考察，除在敦煌民間蒐集到一批寫本外，「還在石窟底部沙土之中，發掘出大量殘卷」[2] 其中不少是王道士、斯坦因、伯希和等人在藏經洞內來回搗騰時掉落下來的碎片。日本著名學者藤枝晃目驗俄藏原卷後指出：「奧登堡收集品的大部分很殘破，在第一本目錄中，三米長的卷軸本不到百分之二十。原因可能是奧登堡訪問敦煌是在中國人已經將更為完整的寫本送往北京之後，所以他僅收羅到遺留下來的殘卷。」[3] 另外，上述敦煌寫本在入藏編目時也存在經帙和經卷分離的情況，使寫本原貌進一步遭到破壞。

　　至於那些經王道士或因其他途徑流散到民間的寫本，亦多有進一步割裂支離者。如羅振玉《抱朴子殘卷校記序》云：「敦煌石室本《抱朴子》殘卷，存《暢玄》第一、《論仙》第二、《對俗》第三，凡三篇。《論仙》《對俗》二篇均完善，《暢玄》篇則前佚十餘行。書跡至精，不避唐諱，乃六朝寫本也。卷藏皖江孔氏，乃割第一篇以贈定州王氏，餘二篇又以售於海東。」[4] 又羅氏《敦煌零拾附錄》載有敦煌寫本《老子義》殘卷影本及跋文，云：「《老子義》殘卷，前後無書題。存《德

2　孟列夫《俄藏敦煌文獻·前言》，上海：上海古籍出版社，1992 年。

3　藤枝晃《敦煌寫本概述》，徐慶全、李樹清譯，榮新江校，《敦煌研究》1996 年第 2 期，第 101 頁。

4　《羅雪堂合集》第三函《松翁近稿》，杭州：西泠印社出版社影印本，2005 年，第 2 頁。

經》昔之得一章、反者道之動章、上士聞道章及上德不德章義解四則。……三年前，予曾從友人借觀是卷，令兒子福葆寫影，今乃得之市估手。初以後半二十八行乞售，亟購得之，復求前半，乃復得之浹旬以後。然末行尚有新割裂之跡，知尚有存者。今不知在何許，安得異日更為延津之合耶？爰書以俟之。壬戌九月上虞羅振玉記。」[5]諸如此類，原來本已殘缺的寫卷，又被人為割裂，雪上加霜，非復舊觀矣。

　　通過以上敦煌文獻流散情況的簡要回顧，我們可以得到以下三點基本認識：

　　1. 王道士、斯坦因、伯希和等人翻檢藏經洞藏品時，存在把原本完整的寫卷分裂為數件的可能；

　　2. 敦煌文獻流散時，存在把一件寫卷人為割裂成數件的現象；

　　3. 奧登堡收集品作為沙土中「發掘」的結果，有不少從其他寫本中掉落下來的碎片。

　　另外，藏經洞文獻作為三界寺比丘道真等於「諸家函藏尋訪古壞經文，收入寺中」的結果，原本就存在撕裂脫落的問題。

　　正因為如此，姜亮夫把殘卷的綴合當作敦煌文獻整理研究「成敗利鈍之所關」的基礎工作之一。他說：「卷子為數在幾萬卷，很多是原由一卷分裂成數卷的，離之則兩傷，合之則兩利，所以非合不可。」[6]

5　黃永武主編《敦煌叢刊初集》第 8 冊，第 791-792 頁。羅氏得於市估之手的《老子義》殘卷現藏國家圖書館，編號為 BD14649，卷背有羅振玉題「老子義疏殘卷」。國家圖書館另有 BD14738 號，與 BD14649 號筆跡行款相同，內容連續，王卡認為羅氏所謂 BD14649 號「末行尚有新割裂之跡」者，即 BD14738 號，二卷先後銜接，可以完全綴合，羅氏「延津之合」得成現實。至於該卷內容，王卡疑為魏何晏的《老子道德論》之殘篇，說詳王卡《中國國家圖書館藏敦煌道教遺書研究報告》，《敦煌吐魯番研究》第 7 卷，北京：中華書局，2004 年，第 362-363 頁。

6　姜亮夫《敦煌學規劃私議》，《敦煌學論文集》，上海：上海古籍出版社，1987 年，第 1011 頁。

二、綴合工作的回顧

　　敦煌文獻的綴合，幾乎是與敦煌文獻的整理刊布同步展開的。一九一〇年前後，羅振玉、蔣斧、王仁俊等人抄錄刊布法藏敦煌文獻，便注意到了寫本的綴合問題。如羅振玉《鳴沙石室佚書》卷首 P.2510號《論語鄭氏注》提要云：「鄭注《論語》，唐以後久佚。宣統庚戌，東友內藤湖南、富岡君撝兩君先後寄其國本願寺主大谷氏所得西域古卷軸影本至京師，中有《論語・子路》篇殘注九行，予據《詩・棠棣》正義所引定為鄭注，已詫為希世之寶，為之印行矣。越四年，法友伯希和君又寄此卷影本至，則由《述而》至《鄉黨》，凡四篇……每篇題之下，皆書『孔氏本，鄭氏注』，楮墨書跡，均與本願寺本不殊，蓋一帙而紛失者也。」[7]但由於當時人們研閱敦煌寫本主要依靠伯希和寄贈的照片，所見數量有限，所以真正的綴合還談不上。後來劉復編《敦煌掇瑣》（中央研究院歷史語言研究所，1925 年），係編者在法國國家圖書館親自抄錄所得，所見寫本的數量大大增多，因而得以勘其異同，進行比較和綴合的工作。如該書所輯 P.2648、2747 號均為「季布歌」，編者於 P.2747 號之首云：「此頗似後文二六四八號之頭段，兩號原本紙色筆意並排列行款均甚相似，疑一本斷而為二，中間復有缺損。」劉氏疑 P.2648、2747 號是「一本斷而為二」，極是，二本銜接處原文應為「自刎他誅應有日，衝天入地苦無因。忍饑〔受渴終難過，須投〕分義舊情親。初更乍黑人行少，越牆直入馬坊門」等句，其中 P.2648 號首行「黑人行少越牆」六字的右側缺畫被割裂在 P.2747 號末尾，二卷綴合後前五字可得其全，所缺僅「受渴終難過須投」六字而

7　《鳴沙石室佚書》，東方學會影印本，1913 年，第 3 頁。王重民《敦煌古籍敘錄》收入該提要王氏按云：「兩卷書跡殊異，絕非一帙而紛失者。」北京：中華書局 1974 年第 65 頁。

已（圖1）

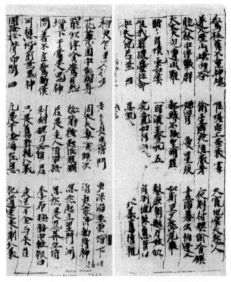

▲ 圖1　P.2747（右）＋P.2648 綴合圖

繼劉復之後，向達、王重民、姜亮夫、王慶菽等陸續赴巴黎、倫敦調查、抄錄敦煌文獻，在寫本的綴合方面也有進一步的收穫。如王重民《巴黎敦煌殘卷敘錄》第一輯（北平圖書館，1936 年）卷一《爾雅注》云：「《爾雅》郭璞注殘卷，存《釋天》第八，至《釋水》第十二。自《釋地》『岠齊州以南戴日為丹穴』句，斷為二截。今《巴黎國家圖書館敦煌書目》，上截著錄在二六六一號，下截著錄在三七三五號，驗其斷痕與筆跡，實為一卷。」更可喜的是，這時已開把不同館藏的寫本綴合為一的先河。如王重民《巴黎敦煌殘卷敘錄》第二輯（北平圖書館，1941 年）卷四《李嶠雜詠注》云：「斯坦因所得五五五號，為殘詩十七行，有注；伯希和先生所得三七三八號卷，僅六行，詩注均相似，書法亦同，知為同書。」如圖 2、3 所示，二卷雖先後不能銜接，但款式書跡略同，確應為一書之割裂。

▲ 圖2　P.3738　　　▲ 圖3　S.555

　　二十世紀五〇年代以後，隨著英、法、中三家館藏敦煌文獻縮微膠卷的先後公布，尤其是八〇年代後英、俄、法、中館藏敦煌文獻影印本的陸續出版，為人們閱讀敦煌文獻帶來了極大的便利，敦煌寫本的全面綴合也才真正有了可能。如王重民等編《敦煌變文集》《敦煌遺書總目索引》（以下稱《索引》）、黃永武編《敦煌寶藏》（以下稱《寶藏》）、徐自強主編《敦煌大藏經》、榮新江編《英國圖書館藏敦煌漢文非佛教文獻殘卷目錄（S.6981-13624）》、方廣錩編《英國圖書館藏敦煌遺書目錄（斯6981號-斯8400號）》、許建平著《敦煌經籍敘錄》、張涌泉主編《敦煌經部文獻合集》等都在敦煌寫本的綴合方面作出了一定的努力。

　　但由於可以看到原卷及縮微膠卷的學者畢竟不多，新出的影印本由於價格昂貴，流播也不廣，從而限制了寫卷綴合工作的進行，所以這方面的進展至今仍相當有限。二十世紀八〇年代以前，寫本的綴合工作主要局限在同一館藏寫本之間。二十世紀八〇年代以後，由於各

主要館藏（尤其是俄藏）敦煌文獻影印本的陸續出版，推動了寫本綴合工作的展開。但這方面的工做作得還不夠系統。比較而言，傳統的四部典籍和社會經濟文書因是學術界關注的重點，綴合工作相對做得比較好；尤其是經部文獻，由於《敦煌經部文獻合集》的編者在這方面下了較大的功夫，相關寫本的綴合工作已大體完成。而佛經寫本作為敦煌文獻的主體，由於投入的人力太少，還有大量的工作可做。俄藏敦煌文獻公布較晚，而殘片又多；作為「劫餘之物」的中國國家圖書館藏敦煌文獻同樣有很多殘片，而且不少迄今尚未公布，可以綴合的比例更高，今後應著重給予關注。

三、敦煌殘卷綴合釋例

1.如上所説，前賢在敦煌寫本的綴合方面已有一些成功的範例。但如何來做具體的綴合工作，則往往語焉不詳，沒有現成的條條。這裡根據前賢和筆者自己的實踐，嘗試提出如下程式：

首先，在充分利用現有的各種索引的基礎上，對敦煌文獻進行全面普查，把內容相關的寫本匯聚在一起。

其次，把內容直接相連或相鄰的寫本匯聚在一起，因為內容相連或相鄰的殘卷為同一寫本割裂的可能性通常比較大。

最後，再比較行款、書跡、紙張、正背面內容，以確定那些內容相連或相鄰的殘卷是否為同一寫本之割裂。

下面以唐釋玄應的《一切經音義》為例（以下或簡稱玄應《音義》），試作説明。

敦煌文獻中有玄應《一切經音義》的寫本數十件，分藏於中、法、英、俄各國，但總體情況不明。我們在全面普查的基礎上，共發現四十一件玄應《音義》寫本殘卷。經過進一步調查，發現這四十一件殘卷包括玄應《音義》第一卷三件、第二卷六件、第三卷十一件、第六

卷十二件、第七卷一件、第八卷二件、第十五卷一件、第十六卷一件、第十九卷一件、第二十二卷二件，另摘抄一件。最後比較行款、書跡、紙張、正背面內容，結果發現存有二件以上殘卷的一二、三、六、八、二十二各卷均全部或部分可以綴合。

　　如第一卷及 Дx.583、256 號二件，前一件所存為玄應《音義》卷一《大威德陀羅尼經》第十六卷音義及第十七卷卷題，後一件所存為玄應《音義》卷一《法炬陀羅尼經》第一、二卷音義的部分條目。該二件內容先後相承，抄寫格式（每條詞目與注文字體大小相同，每條提行頂格，注文換行低二格接抄）、字體（比較二卷皆有的「苐」「反」「今」「作」「之」等字的寫法）均同，可以確定是同一寫卷的殘片。如圖 4 所示，二卷綴合後，雖難以完全銜接（據刻本，該二件間缺七條），但其為同一寫本之撕裂則應可無疑。

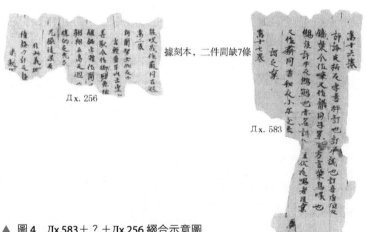

▲ 圖 4　Дx.583＋？＋Дx.256 綴合示意圖

　　又如第三卷 11 件，可以綴合成①Дx.5226＋？＋Дx.586A＋Ф.368＋Дx.585 號、②Дx.586C＋？＋Дx.211＋Дx.252＋Дx.255＋？＋Дx.411＋？＋Дx.209＋Дx.210 號兩組，如圖 5、6 所示。

▲ 圖 5　Дх.5226＋Дх.586A＋Ф.368＋Дх.585 綴合圖

　　第一組四件字體相同，抄寫行款格式一致（所釋詞條與注文字體大小相同，每條提行頂格，注文換行低二格接抄；每行約十七字，除Дх.5226 號首三行外，其餘部分下部均殘泐五至十二字不等），所抄內容均見於玄應《音義》卷三，前一件為《摩訶般若波羅蜜經》第二十五至二十七卷音義，該件與第二件之間有殘缺（據刻本，約缺四十五條），後三件為《放光般若經》第一至第五卷音義，可以完全銜接（《俄藏敦煌文獻》〈以下稱《俄藏》〉把二、四號直接綴合為一，欠妥）。

　　第二組七件字體相同，抄寫行款格式一致（所釋詞條與注文字體大小相同，每行十六至十九字不等，每條提行頂格，注文換行約低一格半接抄），所抄內容均見於玄應《音義》卷三，Дх.586C 為《放光般若經》第十八至十九卷音義，Дх.211、252、255 號《俄藏》已綴合為一，為《放光般若經》第二十三至二十九卷音義，Дх.411 號為《光贊般若經》第二卷音義，Дх.209、210 號為《光贊般若經》第三至第七卷

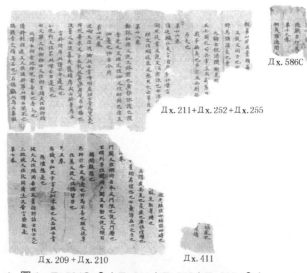

▲ 圖 6　Дх.586C＋？＋Дх.211＋Дх.252＋Дх.255＋？＋
　　　　 Дх.411＋？＋Дх.209＋Дх.210 綴合圖

音義，乃同一寫本之撕裂（圖6）。據刻本玄應《音義》，Дx.586C與
Дx.211、252、255號間缺《放光般若經》第二十一至二十二卷音義（凡
六條），Дx.211、252、255與Дx.411號間缺《放光般若經》第三十卷音
義（凡三條）、《光讚般若經》第一卷音義（凡十三條）及第二卷部分
音義（全缺者凡四條），Дx.411與Дx.209、210號間缺《光讚般若經》
第二卷末條後部、第三卷首條前部及「第三卷」卷目。《俄藏》把後三
件按Дx.209、210、411號的順序綴合為一，欠妥。

又如第六卷十二件，除Ф.367號另為一本外，其餘Дx.10149、
Дx.12380R、Дx.12409R-B、Дx.12409R-C、Дx.12340R、Дx.12409 R-D、
Дx.10090、Дx.12330R、Дx.12381R、Дx.12409R-A、Дx.12287R號十一件
《俄藏》均未定名，實皆為玄應《一切經音義》卷六《妙法蓮華經》音
義；各號字體相同，抄寫行款格式一致（所釋詞條字體較大，注文字
體略小，各條接抄不換行，上下有邊欄，卷背皆抄有回鶻文），當為同

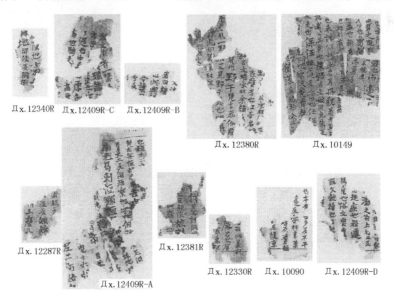

▲ 圖7

一寫本的殘葉；其中 Дx.12330R 與 Дx.12381R，Дx.12409R-A 與 Дx.12287R 號前後相承，可綴合為一，其他各本間則皆有一行或十多行殘缺（圖 7）。《俄藏》把 Дx.10149 與 Дx.10090、Дx.12409R-A 與 Дx.12409R-B、Дx.12409R-C、Дx.12409R-D 分別綴合為一，欠妥。

又如第八卷二件，前一件 Дx.4659 號僅存四殘行（圖 8），後一件 Дx.14675 號僅存三殘行（圖 9），《俄藏》均未定名。考前者所釋為玄應《音義》卷八《無量清淨平等覺經》下卷音義；後者所釋為玄應《音義》卷八《佛遺日摩尼寶經》音義，據刻本，二件間有較多的殘缺；二件上下部皆有殘泐，字體相同，抄寫行款格式一致（就所存部分看，詞條與注文字體大小似同，條目間不接抄），當為同一寫本的殘片。

▲ 圖 8　Дx.4659

▲ 圖 9　Дx.14675

2.有的殘片由於所存文字較少，綴合相對比較困難，可以借助有完整文本的寫本或刻本來比定。如 P.3875AP7 碎片存殘字二行（圖 10 下片），第一行存「芬芳▨蘭▨」五字，第二行存「宜郡淵澄」四字。P.5031 號碎片二十一存已漫漶的文字六行（圖 10 上片），第一行存「百川東▨」，第二行存「言辭和雅」，第三行存「▨▨▨業所基」，第四行存「▨▨▨蘇秦攝職從」，第五行存「▨▨八佾樂殊貴賤」末行僅存右端些微已漫漶的殘畫。此二片各家均未定名。從字體和行款來看，二片有相似之處。但僅憑所存殘句，定名和綴合都做不到。後查 S.5961 號《新合六字千文》云：「芬芳似蘭斯馨，如松百（柏）之茂盛。

百川東流不息，宜郡淵澄取暎。人君容正（止）若思，言辭和雅安定。若能篤初誠美，慎終如始宜令。勳懃榮業所基，萬古藉甚無競。張儀學優澄（登）（仕），蘇秦攝職從政。邵伯存以甘甞（棠），歸思去而益詠。八佾樂殊貴賤，五禮分別尊卑。居上寬和下睦，伯鸞夫唱婦隨。」（圖11）據此，可以推定上揭二片應皆為《新合六字千文》殘片，可以綴合，如圖10所示。P.5031號碎片第一行「百川東▨」接P.3875AP7第二行「宜郡淵澄」，二片綴合後該行中間尚缺「不息」二字；據推算，原本每行約抄十八字左右。

P. 5031(21)

P. 3875AP7

▲ 圖10　P.3875AP7＋
　　　 P.5031(21)綴合圖

▲ 圖11　S.5961《新合
　　　 六字千文》

又如 Дх.12661 號，殘片，存三行（圖12上片），第二行存「位▨」二字（「位」字上端略殘），第一行與第二行「位」平行之位置存一字左側殘畫，第三行僅存三字右側殘畫。又 Дх.18950 號，殘片，存兩行（圖12下片），第一行僅存一「官」字，第二行存「▨國▨（有）」三字。此二片《俄藏》均未定名。從字體和行款來看，二片有相似之處。但由於存字太少，僅憑此二片定名、綴合都有難度。考《千字文》

有云：「龍師火帝，鳥官人皇。始制文字，乃
服衣裳。推位讓國，有虞陶唐。弔民伐罪，周
發殷湯。坐朝問道，垂拱平章。」據此，可以
推斷上揭二片皆為《千字文》殘片，可以綴合
（如圖 12 所示），綴合後內容大抵相連，連接
處亦大體吻合。Дх.12661 號第一行所存殘字當
是「帝」字，其下當缺一「鳥」字；第二行

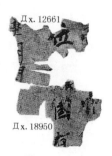

▲ 圖 12　Дх.12661＋
　　Дх.18950 綴合圖

「位」下殘字 Дх.12661 號存上端殘畫，Дх.18950 號存下端殘畫，當為
「讓」字。Дх.12661 號第三行所存殘字，據殘畫及行款判斷當是「坐朝
問」三字。

　　3.當根據行款、書跡、紙張等因素確認二件殘卷為同一寫本之撕
裂，但由於難以完全銜接，或所抄內容不熟悉（特別是胡語文獻），以
致殘卷先後無法確定時，有的可先綴合正面或背面較為易於確定的文
獻，然後另一面文獻的先後次序自然也就確定了。對此，榮新江《敦
煌學十八講》第十七講《敦煌寫本學》已有舉證（350-352 頁），可以
參看。這裡另舉兩個例子。

　　P.3765 號背抄有難字四十六行，末部如圖 13 所示，多數難字下有
注音，《索引》定作「某佛經中難字」，《寶藏》題「某佛經中難字音
義」，《敦煌遺書總目索引新編》（以下稱《索引新編》）題「某佛經中
難字等」，《法藏敦煌西域文獻》（以下稱《法藏》）題「佛經字音」。
P.3084 號背亦有類似的難字十五行，如圖 14 所示，《索引》《寶藏》未
題名，《索引新編》《法藏》題「字書」。這兩個寫本所載難字體例、字
體略同，其間或有某種關聯。但究竟是什麼關係，則頗費躊躇。後來
查該二卷正面，發現 P.3084 號末所抄「轉經文」後有殘缺，而其殘缺
部分正在 P.3765 號之首，銜接處文句為「伏惟我金山天子，撫運龍飛，

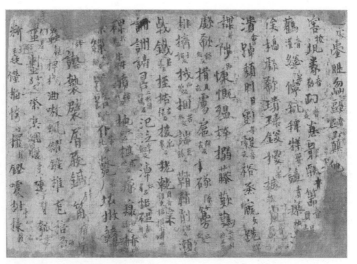

▲ 圖 13　P.3765 背（局部）

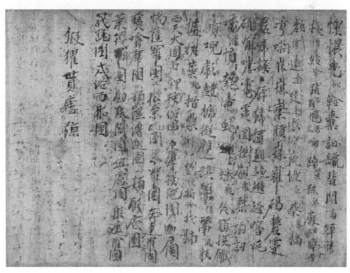

▲ 圖 14　P.3084 背（局部）

垂（乘）乾御宇，上膺青光赤符之瑞，下披流虹繞電之禎」，其中「垂（乘）」以前十二字在 P.3084 號末，「乾」以後十九字在 P.3765 號首，二卷拼接後，天衣無縫，文字完整無缺（圖 15）[8]。

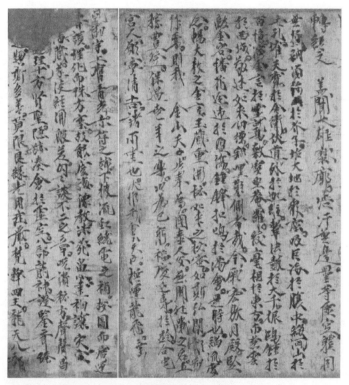

▲ 圖 15　P.3084＋P.3765 正面綴合圖（局部）

正面部分拼接後則其背面所抄難字的順序自然也就出來了：P.3084

8　P.2838 號有同一「轉經文」，文中有「伏惟我金山聖文神武天子，撫運龍飛，乘乾御宇，上膺青光赤符之瑞，下披流虹繞電之禎」句，可以為證。參看《敦煌願文集》，長沙：嶽麓書社，1995 年，第 482-485 頁。

號背的難字應綴接在 P.3765 號背之後，二件可以完全銜接[9]。蓋正面部分 P.3084 號在前，P.3765 號在後，而其背面部分則反之。

又 Дx.11018 號殘片，正面存九殘行；背面存殘畫一幅。如圖 16 所示（《俄藏》影本圖版拼接時有錯位，此已加以調整）。《俄藏》未定名。後來我們發現該卷正面殘文的行款、字體都與業已經前賢綴合的 BD11731 號＋P.5019 號《孟姜女變文》殘卷[10]十分接近，有可能出自同一人之手。但由於這兩個殘卷正面殘文殘缺過甚，所透露的信息頗為含混，又缺少其他可供比對的參照本，所以二者是否為同一寫卷之裂，頗難定奪；而且即便比定為同一寫卷之裂，二者孰前孰後，也很難作出明確的判斷。值得慶幸的是，殘卷背面的圖畫則給我們提供了二者可直接綴合的證據。

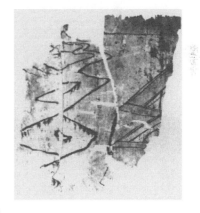

▲ 圖 16　Дx.11018 圖版（左正右背）

9　P.2271 號有難字音一種，體例內容與 P.3765 號背＋P.3084 號背基本相同，可以為證。又該難字音係摘錄《光贊般若經》《漸備經》《長一阿含經》等佛經難字而成，其中的部分注音參考了玄應的《一切經音義》。參看《敦煌經部文獻合集》小學類佛經音義之屬《佛經難字音（四）》題解，第 5663-5666 頁。

10　BD11731 號＋P.5019 號殘卷的綴合，見劉波、林世田《〈孟姜女變文〉殘卷的綴合、校錄及相關問題研究》一文，載《文獻》2009 年第 2 期，第 18-25 頁。

Дx.11018 號背面圖畫有殘缺的山峰，山峰下有一條彎彎曲曲的河流，下游兩個「⚡」形河流的左側尖頂均殘缺。而這殘缺的尖頂正可在 BD11731＋P.5019 號背面的圖畫中找到。據此提示，我們就比較順利地把這兩個寫卷綴合在了一起。[11] 二者綴合後，銜接處嚴絲合縫（圖17），不但 Дx.11018 號殘缺的河流的尖頂丟而復得，河流源出的山峰也更加完整明晰。背面既經綴合，則正面部分為同一寫本之撕裂也就不煩辭費了：正面部分 Дx.11018 號在左，BD11731＋P.5019 號在右，二者可完全綴合，殘存內容左起右行，可定名為《孟姜女變文》；而背面部分則是變文的圖畫再現——《孟姜女變相》。

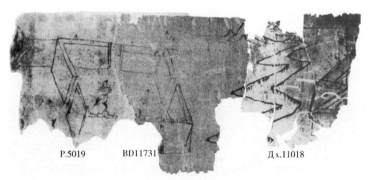

　　　P.5019　　　　BD11731　　　　　　Дx.11018

▲ 圖 17　Дx.11018＋BD11731＋P.5019 背面綴合圖

四、後論

敦煌殘卷綴合時，以下四點需特別留意：

1.敦煌寫本有時用其他「廢紙」來襯裱，襯紙根據需要會剪成大小不一的碎片，這些碎片往往有可以綴合者。如 P.3416 號為《星占書》《千字文》《孝經》等，同號所附襯紙之一正面（圖18）為《後唐乙未

11　參看張新朋《〈孟姜女變文〉、〈破魔變〉變文殘片考辨二題》，《文獻》2010 年第 4 期，第 21-22 頁。

年（935）二月十八日程虞候家營葬名目》（首行題「乙未年二月十八日程虞候家榮葬名目如後」），背面（圖19）有兩片屬於後來黏貼上去的碎片（以下簡稱碎三、碎四）。《敦煌社會經濟文獻真跡釋錄》第四輯正面部分題「乙未年二月十八日程虞候家榮葬名目」，未錄背面的碎片；《敦煌社邑文書輯校》把正背面合併定作「乙未年（935）二月十八日程虞候家榮葬名目」，並分別作了錄文（410-412頁）；〈法藏〉把正面部分定作「乙未年二月十八日程虞候家榮葬名目」，把背面部分定

▲ 圖18　P.3416 P1

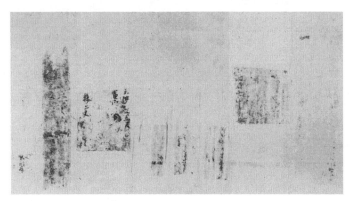

▲ 圖19　P.3416 P1 背

作「名目」。查該襯紙正面也有兩片屬於後來黏貼上去的碎片（以下簡稱碎一、碎二），經仔細比對，碎一應與碎四綴合（碎一為上部，碎四為下部），而碎三、碎二則分別為碎一、碎四的背面，從書跡和內容來看，這幾件碎片與正面其他部分應為同一件文書，綴合後如圖 20 所示。碎一原卷在文書的第四行之後是對的，但碎二在「李曹子」一行之前則屬襯裱時誤粘，綴合後的碎二＋碎三「付主〔人〕餅七伯（佰）一十，粟兩石七斗」一行寫於卷背，是正面喪葬納贈物品的合計數。同號所附襯紙之二《後唐乙未年（935）前後某社營葬名目》卷背也抄有「付主人餅五百二十，付粟兩石三斗，又付餅一百一□□□□」字樣，作用相同。[12]

▲ 圖 20　P.3416P1＋P.3416P1 綴合圖

　　2.有的寫卷原本並非出自一人之手。因種種原因，有的寫卷並非一人所抄，而是數人合抄或後來拼合、補抄而成的；特別是佛經寫本，有的大經卷帙浩繁，往往由多人分工合作完成。另外佛經寫本由於持誦等原因易於破損或殘缺，常有後來補抄拼合的情況。敦研 345 號《三界寺藏內經論目錄》云：「長興伍年歲次甲午六月十五日，弟子三

12　本件的綴合由張涌泉提出具體意見，然後由金瀅坤完成。參看金瀅坤《敦煌社會經濟文書輯校》，浙江大學博士後研究工作報告，2003 年 6 月，第 10-11、49-52 頁。

界寺比丘道真，乃見當寺藏內經論部〔帙〕不全，遂乃啟（稽）顙虔誠，誓發弘願，謹於諸家函藏尋訪古壞經文，收入寺，修補頭尾，流傳於世，光飾玄門，萬代千秋，永充供養。」可見修補殘缺經卷是當時經常性的一項工作。如 Φ.230 號《一切經音義》存卷二《大般涅槃經》第十至四十卷音義，其中經文第十九卷以前音義與第廿卷以後音義行款、書跡均有所不同[13]，大約就是由兩個不同抄手抄寫的卷子拼合而成的（第十九卷末和廿卷之間有接痕），其拼合處如圖 21 所示。所以根據行款、書跡來綴合時必須注意到寫本本身的這種特殊性，而不可一味拘泥於行款、書跡，遽爾斷定兩個卷子原來是否為同一寫本。

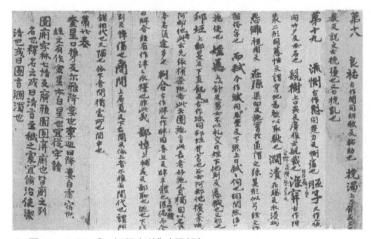

▲ 圖 21　Φ.230《一切經音義》（局部）

3.要注意不同館藏或藏家殘卷的綴合。如前所說，同一寫卷有分割在不同館藏或藏家手中的，以往由於條件的限制，這些殘卷的綴合

13　第十九卷以前部分經文卷號序數後不標「卷」字，每卷下音義條與條接抄不分，詞目用大字，注文單行小字，與傳世刻本玄應《音義》相比，注文較為簡略，似屬節鈔性質，但偶亦有增繁之處，注文用語亦有改動；第廿卷至第四十卷序數後標「卷」字，字體與前面部分不同，所釋詞條每條提行，注文換行時通常低一格接抄，注文字體與詞目大小略同，注文內容與傳世刻本略同，可能較為接近玄應書的原貌。

工作難以充分展開。現在隨著各家藏品的陸續公布，研究條件已大為改觀，人們有可能在從容觀覽比勘的基礎上，把那些身首分離在不同館藏或藏家手中的殘卷綴合為一。如最近正在陸續影印出版的日本武田科學振興財團杏雨書屋所藏敦煌寫本（來源於清末李盛鐸舊藏）《敦煌秘笈》，就頗有可與其他館藏藏品綴合者。這裡試舉一例：

筆者早年作《敦煌變文校注》，內中《大目乾連冥間救母變文》一篇，參校本中有 P.4988 號背一種，可惜僅存三十四行，且前後六行皆有殘缺。該號正面為《莊子·讓王篇》殘卷，亦僅存二十八行，前後五行皆殘缺。最近檢閱《敦煌秘笈》第一冊，其中有羽 19 號殘卷一件，正面存三十三行，前五行下部有殘缺，編者擬題《莊子·讓王篇》；背面存四十二行，前六行上部和末行有殘缺，編者擬題《大目乾連冥問救母變文》（「問」應為「間」字誤排）。[14] 以之與 P.4988 號比觀，發現二者內容先後相接，行款字體全同，可以確定乃一卷之撕裂。如圖 22 所示，P.4988 號後部的殘行正好可與羽 19 號前部的殘行完全對接。二號綴合後，綴接處密合無間，真正可以說是天衣無縫。

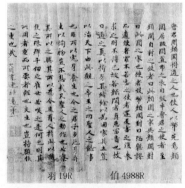

▲ 圖 22　P.4988＋羽 19
　　　　　正面綴合圖（局部）

▲ 圖 23　P.4988＋羽 19
　　　　　背面綴合圖（局部）

14　《敦煌秘笈》影本第 1 冊，大阪：武田科學振興財團，2009 年，第 166-170 頁。

　　4.要防止收藏單位或個人在修復過程中贅加的一些錯誤信息的誤導。敦煌寫卷大多殘缺不全，加上自然的或人為的磨損破壞，不少寫卷品相堪憂。因此持有者往往會通過不同方法對這些寫卷進行修復和保護。但由於修復者的水平、技術參差不齊，修復時造成的誤接、誤黏、正背面誤判等情況也時有發生。如 P.3606 號《論語》，由兩片拼接而成（圖 23），接縫處銜接文字「唯求則非信不立」乍看起來文從句順，實則「唯求則非」是《論語‧先進》篇的文字「信不立」則是後一篇《顏淵》篇的文字，接縫處前後兩行並不相連，依行款推斷，二者之間缺約有二十五行之多。[15] 又如 P.2717 號正面抄《字寶》[16]，背面抄《開蒙要訓》，其中正面《字寶》第十八行後有一條接縫，「第十九行」僅存左部殘畫（圖 24），劉復、姜亮夫、潘重規錄文本均把第十九行處作為一行缺字處理。可是比較「字寶」的另一異本 S.6204 號，可以知道 P.2717 號第十八行後總共應缺二十條，也就是說，第十八行後所缺的並非一行，而是九行半（P.2717 號、S.6204 號均每行抄兩條）。查《俄藏》未定名的及 Дх.5260、5990、10259 號，正是 P.2717 號撕裂下來的殘片，可以綴合。[17] 但由於法國國家圖書館修復時把 P.2717 號中間有殘缺的部分直接黏合在一起，《俄藏》又把 Дх.5260、5990、10259 號抄有《字寶》的一面誤定作背面，修復和編目者傳達的信息一誤再誤，從而干擾了整理者對寫卷殘缺情況的準確判斷及進一步的綴合工作。

15　參看《敦煌經部文獻合集》第 4 冊羣經類論語之屬《論語集解（六）》題解，第 1678-1679 頁。

16　《法藏》正面文獻擬題《字寶碎金》，此從《敦煌經部文獻合集》的擬題，詳見該書第 7 冊小學類訓詁之屬《字寶》題解，第 3713 頁。

17　參看上條提及的《字寶》題解和同書第 8 冊小學類字書之屬《開蒙要訓》題解，第 4024-4026 頁。

▲ 圖 23　P.3606
《論語》（局部）

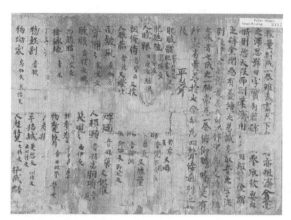

▲ 圖 24　P.2717《字寶》首段

　　此外還應提及的是，目前刊布的敦煌文獻真跡主要是黑白影印的圖版本，對寫卷綴合具有重要參考價值的原卷的墨色、硃筆、印章及紙質等信息在圖版本中往往無法直接獲取，在這種情況下，我們除積極創造條件爭取目驗原卷外，還應注意利用網上公布的彩色照片，並藉助《巴黎國家圖書館藏敦煌漢文寫本註記目錄》《英國博物館藏敦煌漢文寫本註記目錄》《俄藏敦煌漢文寫本敘錄》等相關館藏目錄及有些圖版本後附的敘錄，從中找尋有用的信息，庶幾作出更為準確全面的判斷。

參考文獻

王重民《敦煌古籍敘錄》，北京：中華書局，1974 年。

姜亮夫《敦煌學規劃私議》，《敦煌學論文集》，上海：上海古籍出版社，1987 年，第 1007-1020 頁。

〔日〕藤枝晃《敦煌寫本概述》，徐慶全、李樹青譯，榮新江校，《敦煌研究》1996 年第 2 期，第 96-119 頁。

林聰明《敦煌文書學》，臺北：新文豐出版公司，1991 年。

榮新江《敦煌學十八講》，北京：北京大學出版社，2001 年。

金瀅坤《敦煌社會經濟文書輯校》，浙江大學博士後研究工作報告，2003 年。

許建平《敦煌文獻叢考》，北京：中華書局，2005 年。

許建平《敦煌經籍敘錄》，北京：中華書局，2006 年。

張涌泉主編《敦煌經部文獻合集》，北京：中華書局，2008 年。

（原載《文史》2012 年第 3 輯）

貳

《八陽經》敦煌殘卷綴合研究

　　《八陽經》，亦稱《佛説天地八陽神咒經》《佛説八陽神咒經》《天
地八陽神咒經》《天地八陽經》《八陽神咒經》，是我國早已失傳的佛教
疑偽經之一。該經最早著錄於唐圓照撰《貞元新定釋教目錄》，該書卷
二八別錄之九下云：「《天地八陽經》一卷。卷末題云：『八陽神咒
經』，與正經中《八陽神咒》義理全異，此説陰陽吉凶禳災除禍法。」[1]
此經雖託名唐代義淨或玄奘所譯，實為中國人所造疑偽之作。因此，
清代以前中國歷代藏經均未收入。《大日本續藏經》以「鮮本」校訂，
收於卷一百五十，但原本與「鮮本」的來源與狀貌均未加交代。《大正
新修大藏經》以《大日本續藏經》錄文為底本，參校 S.127 號，收於卷
八十五。該經一卷，全文約四千字，主要敍述佛在毗耶達摩城宣法，
論及生死、婚媾、八識，勸導眾人信奉此經。

1　〔唐〕圓照《貞元新定釋教目錄》，《中華大藏經》第 55 冊影印麗藏本，北京：中華
　　書局，1992 年，第 935 頁。

　　最近，我們對現已刊布的所有敦煌寫本文獻進行了全面普查，共發現此經寫卷 301 號，包括國圖藏 120 號，俄藏 114 號（其中殘片 63 號《俄藏》未定名，是由我們考定），英藏 44 號，法藏 9 號，羽田 6 號，浙藏 2 號，北大 1 號，敦研 1 號，上博 1 號，津藝 1 號，臺圖 1 號，中國書店 1 號[2]。其中首尾完整者僅 8 號，分別為：P.2098 號，P.3759-1 號，BD210 號，BD15051 號，BD15071 號，英圖 252 號，英圖 480 號，津藝 210 號。其餘 293 號均為殘卷或殘片，其中頗有本為同一寫卷而被撕裂為數號者。本文把其中的 66 號綴合為二十四組。這些殘卷或殘片殘存情況不一，我們在綴合時主要通過以下四點進行判定：

　　1.內容先後相承

　　內容是否先後相承是判定不同殘卷能否綴合的基礎。殘卷內容雖不全，但通過比對完整寫本，可以得出殘損處闕文的內容。如果兩個殘卷內容上下相承或左右相接，則存在可以綴合的可能性。當不同殘卷內容有多處先後相承時，就較為易於確定它們能夠相互綴合。但當殘卷內容僅有一兩處前後相承，且不存在相互契合的殘字時，就需要進一步比較行款格式和書風書跡以幫助判斷。

2　「國圖」指《國家圖書館藏敦煌遺書》（146 冊）北京：北京圖書館出版社 2005-2012 年；「俄藏」指《俄藏敦煌文獻》（17 冊），上海：上海古籍出版社 1992-2001 年；「英藏」指《英藏敦煌文獻（漢文佛經以外部分）》成都：四川人民出版社 1990-1995 年；「法藏」指《法藏敦煌西域文獻》（34 冊）上海：上海古籍出版社，1995-2005 年；「羽田」指《敦煌秘笈》（7 冊）大阪：武田科學振興財團 2009-2013 年；「浙藏」指《浙藏敦煌文獻》（1 冊），杭州：浙江教育出版社 2000 年；「北大」指《北京大學藏敦煌文獻》（全 2 冊）上海：上海古籍出版社 1995 年；「甘藏」指《甘肅藏敦煌文獻》（6 冊）蘭州：甘肅人民出版社 1999 年；「上博」指《上海博物館藏敦煌吐魯番文獻》（全 2 冊）上海：上海古籍出版社 1993 年；「津藝」指《天津市藝術博物館藏敦煌文獻》（全 6 冊）上海：上海古籍出版社 1996-1997 年；「臺圖」指《敦煌卷子》臺北：石門圖書公司 1976 年；「中國書店」指《中國書店藏敦煌文獻》，北京：中國書店 2007 年。

2.殘字相互契合

因破損或割裂不規則，殘卷邊緣往往多殘字。這些殘字多則保留文字主體部分，少則只剩斷筆墨點。若能找到邊緣殘字相互契合的殘卷，則足以證明這些殘卷可相互綴合。這種方法最為直觀，也最具說明力，尤其當存在多個可相互補全的殘字時。但有些殘卷邊緣沒有殘字，或者可綴合的殘卷並不直接相連，那麼就需要通過其他方法加以判定。

3.行款格式相同

不同寫卷行款格式往往會有區別。行款格式的比較主要指天頭、地腳是否等高，有無烏絲欄，行間距、字間距、字體大小是否相近，每行字數是否相等或相近等。相同的行款格式能夠幫助判定綴合。

4.書風書跡相似

不同抄經者筆跡風格各不相同。具體表現在字體結構疏密，筆墨濃淡，筆畫粗細曲直，相同文字構件、筆畫的寫法等各方面。比較這些內容，也有助於判斷寫卷能否綴合。

綜合運用以上四種方法，我們發現《八陽經》殘卷中有 66 號可綴合為二十四組。

一、Дx.4952 號＋Дx.12612 號＋Дx.11777 號＋Дx.11934 號＋Дx.12740號＋Дx.12637 號[3]

(1) Дx.4952 號。見《俄藏》11／367A[4]。如圖 1 右下部所示，殘片，存七殘行，每行存二到六字，首三行上下殘，第四到七行上殘。

3　兩卷為一卷之撕裂而能夠直接綴合的用「＋」號相連，不能直接綴合的用「…」號相連。

4　「《俄藏》11／367A」指圖版出自《俄藏》第 11 冊 367 頁上欄。其中 A、B 分別代表上、下欄。下同。

（2）Дx.12612 號。見《俄藏》16／150A。如圖 1 右上部所示，殘片，存四殘行，每行存中部四到九字。

（3）Дx.11777 號。見《俄藏》15／333B。如圖 1 下中右部所示，殘片，存四殘行，每行存下部三到六字（第一行四字僅存左側殘畫）。

（4）Дx.11934 號。見《俄藏》16／7A。如圖 1 左上部所示，殘片，存四殘行，每行存中部八到十二字。

（5）Дx.12740 號。見《俄藏》16／165A。如圖 1 下中左部所示，殘片，存四殘行，每行存下部二到五字。

（6）Дx.12637 號。見《俄藏》16／152B。如圖 1 下左部所示，殘片，存七殘行，每行存二到四字，首三行上下殘，第四到七行上殘。

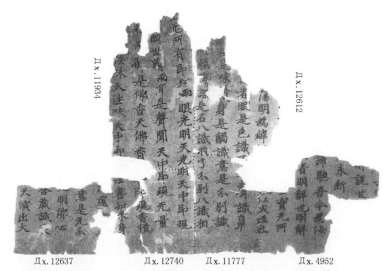

▲ 圖 1　Дx.4952＋Дx.12612＋Дx.11777＋Дx.11934＋Дx.12740＋Дx.12637 綴合圖

按：上揭六殘片《俄藏》均未定名。據殘存文字推斷，應皆為《八陽經》之殘文。又此六片書風相似（字體俊朗、筆畫有力、筆墨勻厚），書跡似同（比較各殘片中「佛」、「是」、「識」等字），行款格式

相同（地腳等高、行距相等、行約十七字、字體大小相近、字間距相近），且內容上下左右相互銜接：Дх.4952 號與及 Дх.11777 號左右相接，銜接處分屬兩片的「以」、「成」、「經」、「教」四字皆可成完璧；Дх.12612 號與 Дх.11777 號上下相接，銜接處分屬兩片的「明」字得以補全；Дх.11934 號與及 Дх.12740 號上下相接，銜接處分屬兩片的「明」、「中」二字拼合無間；Дх.12740 號與及 Дх.12637 號左右相接，銜接處分屬兩片的「即」、「來」二字皆得完整。據此，此六片應可綴合。綴合後如圖 1 所示，所存內容始「云何名為八陽經」句前二字左側殘畫，至「演出大智度論經」句前三字止，相應文字見《大正藏》T85／1424B14-1424C8 [5]。

二、Дх.9893 號＋Дх.9895 號＋Дх.9896 號…Дх.1695 號＋Дх.5779 號

(1) Дх.9893 號＋Дх.9895 號＋Дх.9896 號。見《俄藏》14／29A-B。此三號《俄藏》已綴合為一，如圖 2 上部所示，但未定名。三號綴合後計二十七行，每行存上部三到九字。

(2) Дх.1695 號。見《俄藏》8／302A。如圖 2 下右部所示，殘片，存十五殘行，每行存下部三到七字。《俄藏》擬題「佛經」。孟列夫主編的《俄藏敦煌漢文寫卷敘錄》歸入「未定名經典」類 [6]。

(3) Дх.5779 號。見《俄藏》12／243B。如圖 2 下左部所示，殘片，存六行，每行存下部四到五字。《俄藏》未定名。

按：據殘存文字推斷，上揭五殘片應皆為《八陽經》之殘文。又此五片當可綴合。如圖 2 所示，Дх.1695 號與 Дх.5779 號內容左右相銜

5　「《大正藏》T85／1424B14-1424C8」指殘片存文對應《大正藏》第 85 卷第 1424 頁中欄第 14 行至第 1424 頁下欄第 8 行。「A、B、C」分別表示「上、中、下」欄。下同。

6　《俄藏敦煌漢文寫卷敘錄》下冊，上海：上海古籍出版社，1999 年，第 341 頁。

Дx.9893　Дx.9895　Дx.9896

Дx.5779

Дx.1695

▲ 圖2　Дx.9893＋Дx.9895＋Дx.9896…
　　　　＋Дx.1695＋Дx.5779 綴合圖

接，銜接處分屬兩片的「穿穴五藏」諸字可成完璧，且地腳等高，烏
絲欄密合無間，當可綴合無疑。Дx.9893 號、Дx.9895 號、Дx.9896 號綴
合而成的殘片為寫卷上部，每行僅存三到九字；Дx.1695 號與 Дx.5779
號綴合而成的殘片為寫卷下部，每行僅存四到七字；根據殘行首尾文
字，比對完整寫本，此卷若完整每行當約十七字。因此綴合後卷中仍
有殘缺，不可直接相接。但 Дx.1695 號與 Дx.5779 號綴合而成的殘片的
前行末字與 Дx.9893 號、Дx.9895 號、Дx.9896 號綴合而成殘片的次行首
字均前後相接。如 Дx.1695 號第二行止於「比丘比丘尼」的「比丘」，
Дx.9893、9895、9896 號相接的次行（第十行）起於同句的「比丘尼」，
其後各句仿此。此外，五殘片抄寫行款格式相同（天頭地腳等高、有
烏絲欄、行距相等、行約十七字、字體大小相近、字間距相近），書風
相似（字體方正、筆墨濃粗），書跡似同（比較上下兩組殘片皆有的
「無」、「一」、「佛」、「說」、「切」等字），可資佐證。因此，上下兩
組殘片亦當屬於同一寫卷。上揭五殘片綴合後所存內容始「（阿賴耶）

識天」句，至「▨（邪）正由汝己」句止，相應文字見《大正藏》T85／1424C7-1425A25。

三、Дх.11898 號＋Дх.11815 號＋Дх.11910 號

（1）Дх.11815 號。見《俄藏》15／338B。如圖 3 左上部所示，殘片，存九行，每行存中部三到十一字。

（2）Дх.11898 號。見《俄藏》15／351B。如圖 3 右部所示，殘片，存十行，每行存中部四到九字。

（3）Дх.11910 號。見《俄藏》16／2A。如圖 3 下部所示，殘片，存八行，每行存下部二到六字（其中二行空白無字）。

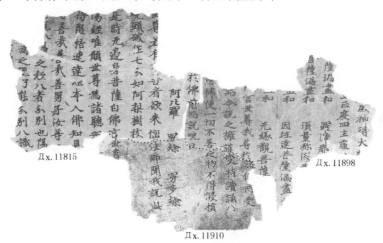

▲ 圖3　Дх.11898＋Дх.11815＋Дх.11910 綴合圖

按：上揭三殘片《俄藏》均未定名。據殘存文字推斷，應皆為《八陽經》之殘文。又此三片抄寫行款格式相同（行距相等、字體大小相近、字間距相近），書風相近（字體端正、筆畫纖細有力且橫細豎粗），書跡似同（比較三者皆有的「口」、「言」等構件，橫、捺、鉤等筆畫），應可綴合。如圖 3 所示，綴合後三片內容上下左右相互銜接：Дх.11898 號與及 x.11815 號左右相接，銜接處分屬兩片的「前」字合而

為一；Дx.11898 號與及 x.11910 號上下相接，銜接處分屬兩片的「日」字得成完璧；Дx.11815 號與及 x.11910 號上下相接，銜接處分屬兩片的「曼」字「言」字密合無間，天衣無縫。上揭三殘片綴合後所存內容始「（承佛）威神」句，至「了能分別八識」句止，相應文字見《大正藏》T85／1424A27-1424B20。

　　四、BD9181 號＋BD10296 號＋BD10189 號

　　(1) BD9181 號（唐 2）。見《國圖》105／129A-130A。首尾皆殘，存五十四行，每行下部殘缺一到七字不等（足行行約十七字）。原卷缺題，《國圖》擬題《天地八陽神咒經》。始「宣此義而說偈言」句，至「演出阿那含經」句止。相應文字見《大正藏》T85／1423C27-1424C7。《國圖》敘錄稱此為九至十世紀歸義軍時期寫本。

　　(2) BD10296 號（L425）[7]。見《國圖》107／228B。如圖 4 下右部

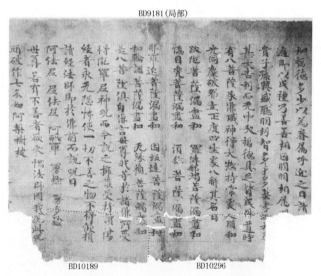

BD9181（局部）

BD10189　　　　　　　　BD10296

▲ 圖4　BD9181（局部）＋BD10296＋BD10189 綴合圖

7　L 為「臨」字首字母，意為臨時編號，錄自國圖條記目錄 1.6。

所示，殘片，僅存七殘行，每行存底部一到三字。原卷缺題，《國圖》擬題《天地八陽神咒經》。相應文字見《大正藏》T85／1424A25-1424B3。《國圖》敘錄稱此為九至十世紀歸義軍時期寫本。

（3）BD10189 號（L318）。見《國圖》107／173A。如圖 4 下左部所示，殘片，僅存七殘行，每行存底部二到三字（第五行無文字）。原卷缺題，《國圖》擬題《天地八陽神咒經》。相應文字見《大正藏》T85／1424B4-1424B12。《國圖》敘錄稱此為七至八世紀寫本。

按：上揭三件殘卷內容相互銜接，當可綴合。綴合後如圖 4 所示，BD9181 號與 BD10296 號銜接處分屬兩片的「佛」、「人」、「日」、「盡」字皆得完整；BD9181 號與 BD10189 號銜接處分屬兩片的「盡」、「讀」、「多」、「說」字復合為一；BD10296 號與 BD10189 號接縫處密合無間，足可證明。此外，三件寫卷抄寫行款格式相同（地腳寬度等同、行距相等、有烏絲欄、行約十七字、字體大小相近、字間距相近），書風相似（橫細豎粗、筆意相連），書跡似同（比較三件皆有的「盡」、「和」等字），可資佐證。BD10296 號與 BD10189 號皆為BD9181 號破損處脫落的殘片無疑。《國圖》敘錄稱 BD9181 號與BD10296 號為九至十世紀歸義軍時期寫本，BD10189 號則為七至八世紀寫本，值得商榷。

五、BD7450 號＋BD10444 號＋BD11130 號

（1）BD7450 號（北 7622；官 50）。見《國圖》97／87A-91B。七紙。首殘尾全，存一八六行，每行十四至十七字，首二行中殘，三紙後部及四、五紙相接處下部有殘泐。始「佛言：善哉善□（哉）」句，至尾題「佛說八陽神咒經」止。相應文字見《大正藏》T85／1422C2～3-1425B3。四、五紙相接處如圖 5 上部所示。《國圖》敘錄稱此為七至八世紀寫本。該號首紙與後面數紙字體不同，敘錄以為係歸義軍時期後補。

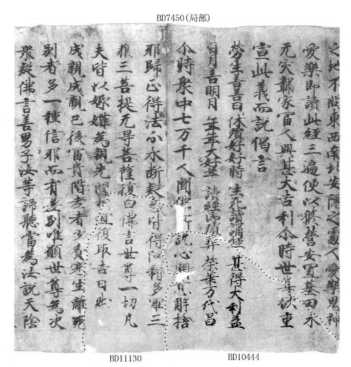

▲ 圖5　BD7450（局部）＋BD10444＋BD11130 綴合圖

（2）BD10444號（L573）。見《國圖》107／307A。如圖5下右部所示，殘片，僅存六殘行，每行存底部一到六字（第三行無文字）。原卷缺題，《國圖》擬題《天地八陽神咒經》。相應文字見《大正藏》T85／1423C26-1424A4。《國圖》敘錄稱此為七至八世紀寫本。

（3）BD11130號（L1259）。見《國圖》109／31B。如圖5下中左部所示，殘片，僅存三殘行，每行存下部七到八字。原卷缺題，《國圖》擬題《天地八陽神咒經》。相應文字見《大正藏》T85／1424A4-1424A7。《國圖》敘錄稱此為七至八世紀寫本。

按：上揭三件行款格式相同（地腳等高、有烏絲欄、行距相等、字體大小相近、字間距相近），書風相似（字體方正、結構從容、筆畫

較細），書跡相似（比較 BD7450 號與 BD10444 號皆有的「大」、「得」等字，BD7450 號與 BD11130 號皆有的「佛」、「世尊」等字），當可綴合。如圖 5 所示，綴合後三件內容相互銜接：BD7450 號與 BD10444 號上下相接，銜接處分屬兩片的「尊」、「經」、「葬」諸字密合無間；BD7450 號與 BD11130 號亦上下相接，銜接處分屬兩片的「惑」、「相」、「宜」諸字亦成完璧；BD10444 號與 BD11130 號破損凹凸處及烏絲欄亦密合無間。BD10444 號與 BD11130 號均當為 BD7450 號破損部位脫落的殘片無疑。

六、BD7172 號＋BD7369 號＋BD8446 號

(1) BD7172 號（北 7635；師 72）。見《國圖》95／278B-279A。

二紙。首尾皆殘，存四十行，每行十七字。原卷缺題，《敦煌劫餘錄》[8]擬題《佛說八陽神咒經》。始「（多於妄）▨（語）綺語▨□（兩舌）」句，至「▨（除）其顛倒」句止。相應文字見《大正藏》T85／1423A15-1423C4。《國圖》敘錄稱此為九至十世紀歸義軍時期寫本。

(2) BD7369 號（北 7645；鳥 69）。見《國圖》96／287A-288B。三紙。首尾皆殘，存六十四行，每行十七字。原卷缺題，《敦煌劫餘錄》擬題《佛說八陽神咒經》。始「佛言：善哉善哉」句，至「又云：何八識名為經」句「又云」二殘字止。相應文字見《大正藏》T85／1423C5-1424B20。《國圖》敘錄稱此為九至十世紀歸義軍時期寫本。

(3) BD8446 號（北 7660；裳 46）。見《國圖》102／381A-382A。三紙。首殘尾全，存四十九行，每行十七字。始「（明解大乘无）為之▨（利）」句，至尾題「佛說八陽神咒經」止。相應文字見《大正藏》T85／1424B20-1425B3。《國圖》敘錄稱此為九至十世紀歸義軍時期寫本。

8　《敦煌劫餘錄》北京：商務印書館，1980 年。

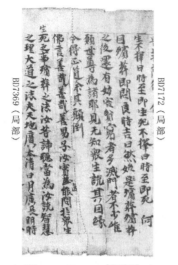 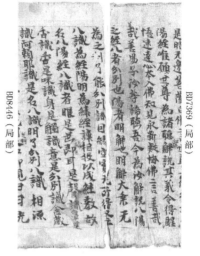

▲ 圖 6-1　BD7172（局部）＋　　　　▲ 圖 6-2　BD7369（局部）＋
　　　　　BD7369（局部）綴合圖　　　　　　　　　BD8446（局部）綴合圖

　　按：上揭三件行款格式相同（天頭地腳等高、有烏絲欄、行距相等、行約十七字、字體大小相近、字間距相近），書風相似（筆畫傾斜、結構不規整、筆墨濃厚、字間距較小），書跡似同（比較 BD7172 號與 BD7369 號皆有的「為」、「之」、「死」諸字，BD7369 號與 BD8446 號皆有的「八」、「為」、「經」諸字），當可綴合。綴合後三件內容相互銜接：如圖 6-1 所示，BD7172 號與 BD7369 號前後綴合，銜接處分屬兩片的「令得正」諸字皆得補全；又如圖 6-2 所示，BD7369 號與 BD8446 號前後綴合，銜接處分屬兩片的「無所得又云」諸字亦得復合為一其為同一寫卷之撕裂無疑。

七、羽 260 號＋BD11943 號＋BD10197 號

　　(1) 羽 260 號。《敦煌秘笈》4／90-93。三紙。首殘尾全。共一一二行，每行十八到二十一字，首八行下殘，中多處齒狀缺文。始「善男子，此六根顯現」句後六殘字，至尾題「佛說八陽經一卷」止。相應

文字見《大正藏》T85／423B15-1425B3。

（2）BD11943 號（L2072）。見《國圖》110／164A。殘片，存四殘行，每行存上部五到六字，為「塵破耶立正☐☐☐☐☐跋陀羅菩薩☐☐☐☐須彌深菩薩▨（漏）☐☐☐☐和輪調菩薩漏☐☐☐☐」。原卷缺題，《國圖》擬題《天地八陽神咒經》。相應文字見《大正藏》T85／1424A27-1424B4。《國圖》敘錄稱此為七至八世紀唐寫本。

（3）BD10197 號（L326）。見《國圖》107／77A。殘片。存七殘行，每行存頂部二至四字，為「鼻是☐☐☐☐法味天☐☐☐☐中即▨（現）☐☐☐☐佛意是☐☐☐☐出那含☐☐☐☐▨▨（論經）☐☐☐☐」。原卷缺題，《國圖》擬題《天地八陽神咒經》。相應文字見《大正藏》T85／1424B29-1424C7。《國圖》敘錄稱此為九至十世紀歸義軍時期寫本。

按：上揭三號行款格式相同（天頭等高、有烏絲欄、行距相等、字體大小相等），書風相似（筆畫傾斜且纖細），書跡似同（比較 BD11943 號與羽 260 號皆有的「羅」、「菩」、「和」諸字，BD10197 號與羽 260 號共有的「佛」、「中」、「即」、「是」諸字），當可綴合。綴合後三號內容上下左右相互銜接：如圖 7-1 所示，BD11943 號正為羽 260 號第 3 頁上部脫落的碎片，二者銜接處分屬兩片的「破」、「正」、「漏」、「調」諸字皆成完字；又如圖 7-2 所示，BD10197 號正為羽 260 號第 4 頁上部脫落的碎片，二者銜接處分屬兩片的「現」、「法」、「經」、「論」諸字得以補全，BD11943 號與 BD10197 號當為羽 260 號破損處脫落的殘片可以無疑。《國圖》敘錄稱 BD11943 號為七至八世紀唐寫本，BD10197 號為九至十世紀歸義軍時期寫本值得商榷。

八、D5560 號＋BD10765 號

（1）BD5560 號（北 7637；珍 60）。見《國圖》75／50A-53B。六紙。首殘尾全。共一四七行，每行十七字，首七行中下殘。始「（毘）婆屍

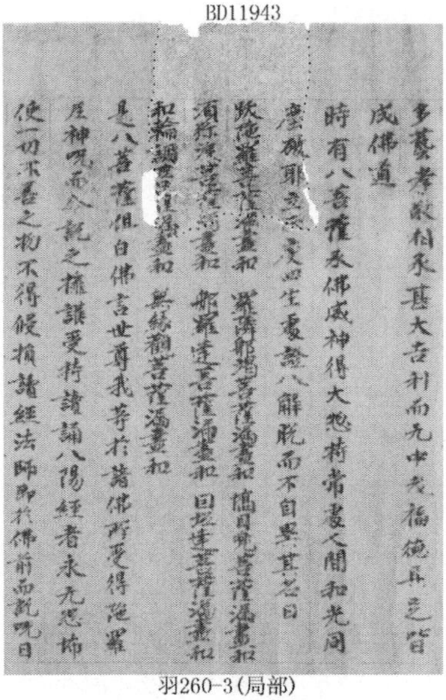

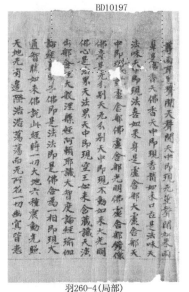

▲ 圖 7-1　羽 260-3（局部）＋
　　BD11943 綴合圖

▲ 圖 7-2　羽 260-4（局部）＋
　　BD10197 綴合圖

佛時」句，尾題「佛説八陽神咒經」止。相應文字見《大正藏》T85／
1423A22～B1-1425B3。《國圖》敍錄稱此為七至八世紀寫本。

　　(2) BD10765 號（L894）。見《國圖》108／136B。如圖 8 右下部所
示，殘片，僅存三殘行，每行存下部五到六字，為「▨▨▨▨▨▨（有）
優婆塞優婆▨▨▨▨▨▨經受持讀誦▨▨▨▨▨▨▨▨（正信）故，兼行」。原卷
缺題，《國圖》擬題《天地八陽神咒經》。相應文字見《大正藏》T85
／1423A22-1423A25。《國圖》敍錄稱此為九至十世紀歸義軍時期寫本。

　　按：上揭二號行款格式相同（行距相等、行約十七字、字體大小
相近、字間距相近），書風相似（字體瘦長、橫筆兩頭粗中間細、筆畫
較細），書跡似同（比較二號皆有的「經」、「讀」等字），當可綴合。
如圖 8 所示，綴合後二號內容上下左右相接，銜接處分屬二號的

「此」、「信」二字密合無間，BD10765 號當為 BD5560 號缺損處脫落的
殘片無疑。

九、BD8557 號＋BD8610 號

(1) BD8557 號（北 7650；推 57）。見《國圖》103／186A-186B。
一紙。首尾皆殘，存二十六行，行十七至十九字，首行下殘，尾六行
下殘。原卷缺題，《敦煌劫餘錄》擬題《佛說八陽神咒經》。始「（月）
陰日陽」句，至「世尊▨（若）（有不善者）」句止。相應文字見《大
正藏》T85／1424A12～13-1424B6～12。《國圖》敘錄稱此為七至八世
紀寫本。

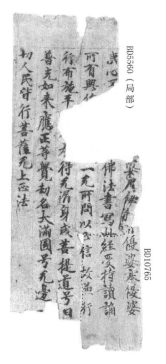

▲ 圖8　BD5560（局部）＋
　　　　BD10765 綴合圖

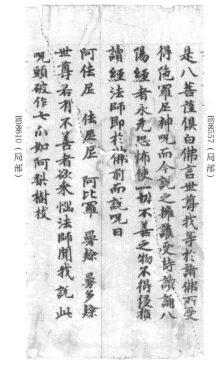

▲ 圖9　BD8557（局部）＋
　　　　BD8610（局部）綴合圖

（2）BD8610 號（北 7656；位 10）。見《國圖》103 ／ 271A-271B。二紙。首尾皆殘，存二十二行，行十七字。首五行下殘。原卷缺題，《敦煌劫餘錄》擬題《佛說八陽神咒經》。始「受得陀羅尼神呪」句「受」殘筆，至「意是無分（別天）」句止。相應文字見《大正藏》T85 ／ 1424B7 ～ 12-1424C4。《國圖》敘錄稱此為七至八世紀寫本。

按：上揭二殘卷行款格式相同（天頭地腳高度等同、有烏絲欄、行距相等、行約十七字、字體大小相近、字間距相近），書風相似（字體方正、筆墨濃重），書跡似同（比較兩件皆有的「世尊」、「我」、「說」等字），當可綴合。如圖 9 所示，綴合後兩件內容左右上下相接，銜接處分屬兩片的「受」、「持讀」、「一切」、「佛」、「尼」、「若」諸字皆可成完璧，其為同一寫卷之撕裂無疑。

十、BD10008 號＋BD11581 號

（1）BD10008 號（L137）。見《國圖》107 ／ 74A。殘片。如圖 10 右下部所示，存有文字的僅三行，每行存底部三到四字。原卷缺題，《國圖》擬題《天地八陽神咒經》。相應文字見《大正藏》T85 ／ 1422B17-

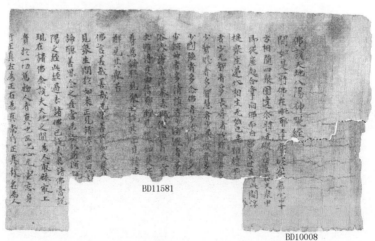

▲ 圖 10　BD10008 ＋ BD11581 綴合圖

1422B19。《國圖》敘錄稱此為九至十世紀歸義軍時期寫本。

　　(2) BD11581 號（L1710）。見《國圖》109／283A。一紙。首全尾殘，存二十行，行十七字，前十六行下殘。首題「佛說天地八陽神咒經」至「常行正真，故名為人」句止。相應文字見《大正藏》T85／1422B17～C5-1422C9。《國圖》敘錄稱此為八至九世紀吐蕃統治時期寫本。

　　按：上揭二殘片抄寫行款格式相同（天頭地腳等高、有烏絲欄、行距相等、行約十七字、字體大小相近、字間距相近），書風相近（字形方正、筆墨濃重），書跡似同（比較兩件皆有的「佛」、「世尊」等字），當可綴合。如圖 10 所示，綴合後二片內容相互銜接，BD10008 號與 BD11581 號銜接處分屬兩片的「城」、「寮」、「在」、「尊」四字皆得補全，烏絲欄亦密合無間，BD10008 號當為 BD11581 號破損處脫落的殘片無疑。《國圖》敘錄稱 BD10008 號為九至十世紀歸義軍時期寫本，BD11581 號為八至九世紀吐蕃統治時期寫本，值得商榷。

十一、D10406 號＋BD9956 號

　　(1) BD9956 號（L85）。見《國圖》107／45B。殘片。如圖 11 右下部所示，僅存二殘行，每行存中部四字。原卷缺題，《國圖》擬題《天地八陽神咒經》。相應文字見《大正藏》T85／1425A18-1425A19。《國圖》敘錄稱此為九至十世紀歸義軍時期寫本。

　　(2) BD10406 號（L535）。見《國圖》107／287B。斷為二個殘片，殘片 1 如圖 11 左下部所示，共二行，每行三殘字；殘片 2 如圖 11 上部所示，共三行，每行存上端五字。原卷缺題，《國圖》擬題《天地八陽神

▲ 圖 11　BD10406＋
　　　　BD9956 綴合圖

咒經》。《國圖》敘錄稱此為九至十世紀歸義軍時期寫本。

　　按：BD10406 號的二殘片，《國圖》把殘片 1 放在殘片 2 的右側，並稱相應文字分別見《大正藏》T85／1425A14～15、18～20。其實該號殘片 1 應綴接於該號殘片 2 之下，如圖 11 左部所示，殘片 2 的末殘字為言旁上部的「亠」，殘片 1 的首殘字則為言旁下部的「⿱丷三」，二者相合為「說」字言旁，其下則為「偈言」二字，下一行則應為「然體，長」三殘字；比對存有完整寫本的 BD15051、15071 號，殘片 1 所存應為「（佛為罪人而）說偈言：（身是自然身，五體自）然體。長（乃自然長，老乃自然老）」六殘字，內容正好接續於殘片 2 之後。《國圖》以殘片 1 在殘片 2 之前，不確。又此號與 BD9956 號殘片行款格式相同（有烏絲欄、行約十七字、字體大小相近、字間距相近），書風相似（筆畫疏朗、落筆有力），書跡似同（比較 BD9956 號中的「口」字與 BD10406 號中「苦」字中的構件「口」，以及豎鉤、提點等筆畫），當可綴合。如圖 11 所示，綴合後二號內容上下相接：銜接處第一行 BD10406 號止於「洋銅灌口」句之「銅」字，BD9956 號始於同句的「灌」字；第二行 BD10406 號止於「無有休息」之「無」字，而 BD9956 號始於同句的「有」字，二者密合無間。此二號綴合後，相應文句見《大正藏》T85／1425A18～22，但文字略有不同。

　　十二、D11834 號＋BD9176 號

　　(1) BD11834 號（L1963）。見《國圖》110／101B。殘片。如圖 12 右上部所示，首尾皆殘，存十七殘行，每行存上部四至十字（滿行約十七字）。原卷缺題，《國圖》擬題《天地八陽神咒經》。相應文字見《大正藏》T85／1424A17-1424B5。《國圖》敘錄稱該卷「經黃打紙」，為七至八世紀唐寫本。

　　(2) BD9176 號（陶 97）。見《國圖》105／124A-124B。二紙。首尾

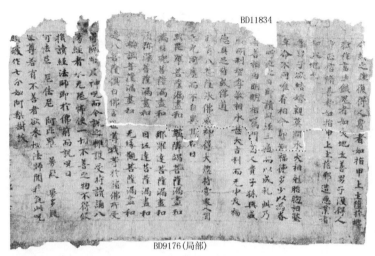

▲ 圖 12　BD11834＋BD9176（局部）綴合圖

皆殘，存四十二行，每行十七字。首十五行中上殘，尾十二行上下殘。原卷缺題，《國圖》擬題《天地八陽神咒經》。始「（復得人身）者如指甲上土」句，至「（即現大通）▨（智）勝如來」句止。相應文字見《大正藏》T85／1424A17～B6-1424B27～C10。《國圖》敘錄稱該卷「麻紙，未入潢」，為七至八世紀唐寫本。

　　按：上揭二號行款格式相同（天頭等高且殘損嚴重、有烏絲欄、行距相等、行約十七字、字體大小相近、字間距相近），書風相似（字體端秀、筆畫舒展、橫筆兩頭重中間輕），書跡似同（比較二者皆有的「菩薩」、「善」、「和」等字），當可綴合。如圖 12 所示，二件綴合後上下左右相互銜接，銜接處分屬兩片的「大」、「遍」、「門」、「高」、「甚」、「世」諸字皆得完整，接合凹凸處亦密合無間，其為一卷之撕裂可以無疑。《國圖》敘錄稱 BD11834 號係「經黃打紙」，又稱 BD9176 號「麻紙，未入潢」，宜再斟酌。

十三、D15259 號＋BD8443 號

(1) BD15259 號（新 1459）。見《國圖》141／219B-220A。一紙，首尾皆殘，存二十八行，行十八字。原卷缺題，《國圖》擬題《天地八陽神咒經》。所存內容始「（家富人興，甚大）吉利」句，至「羅隣竭

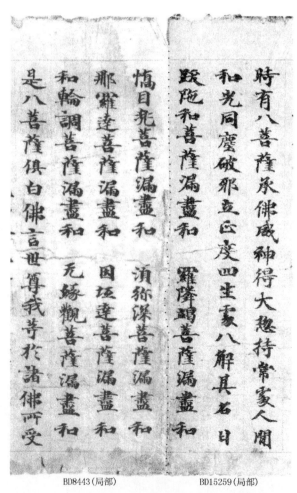

BD8443（局部）　　　　BD15259（局部）

▲ 圖 13　BD15259（局部）＋BD8443（局部）綴合圖

菩薩漏盡和」句止。相應文字見《大正藏》T85／1423C26-1424B1。《國圖》敘錄稱此為七至八世紀寫本。

（2）BD8443號（北7652；裳043）。見《國圖》102／372B-374A。

三紙。首殘尾全。共六十二行，每行十七字。始「憍目兜菩薩漏盡和」句，至尾題「佛說八陽神咒經」止。相應文字見《大正藏》T85／1424B2-1425B3。《國圖》敘錄稱此為七至八世紀寫本。

按：上揭二殘卷抄寫行款格式相同（天頭地腳等高、有烏絲欄、行距相等、行約十七字、字體大小相近、字間距相近），書風相似（字體端正、筆墨濃厚有力、字間距疏朗），書跡似同（比較兩件皆有的「菩薩漏盡和」、「佛」、「羅」諸字），當可綴合。如圖13所示，綴合後兩件內容前後相接，BD15259號止於「羅隣竭菩薩漏盡和」，BD8443號始於下句「憍目兜菩薩漏盡和」，其為同一寫卷之撕裂無疑。

十四、P.5587（11）號…BD11242號

（1）P.5587（11）號。見《法藏》34／288。殘片，如圖14上部所示，僅存五行，每行存上部四至五字。原卷缺題，《法藏》擬題《天地八陽神咒經》。相應文字見《大正藏》T85／1424A8-1424A13。

（2）BD11242號（L1371）。見《國圖》109／94A。殘片，如圖14下部所示，存九行，每行存底部二至三字。原卷缺題，《國圖》擬題《天地八陽神咒經》。相應文字見《大正藏》T85／1424A8-1424A17。《國圖》敘錄稱此為七至八世紀寫本。

按：上揭二殘片抄寫行款格式相同（有烏絲欄、行距相等、行約十七字、字體大小相近、字間距相近），書風相似（字體端正規範、書寫秀麗、字距疏朗），書跡似同（比較兩件皆有的「善」、「男」、「陰」諸字），當可綴合。綴合後如圖14所示。但二片均殘損嚴重，P.5587（11）號只存上部四至五字，BD11242號只存下部二至三字，根據殘行

P.5587（11）

BD11242

▲ 圖 14　P.5587（11）⋯BD11242 綴合圖

首尾文字，比對完整寫本，此卷若完整每行當有約十七字。因此綴合
後其間仍有殘缺，不可直接相接。但 BD11242 號前行末字與 P.5587
（11）號次行首字均前後相接。如 BD11242 號第二行止於「一種信邪」
的「一」字，P.5587（11）號第二行始於同句「種」字；BD11242 號第
三行止於「為決眾疑」的「疑」字，P.5587（11）號第三行始於下句「佛
言善男子」的「佛」字；BD11242 號第四行止於「天陰地陽」的「地」
字，P.5587（11）號第四行始於同句「陽」字；BD11242 號第五行止於
「天地氣合」的「合」字，P.5587（11）號第五行始於下句「一切草木」
的「一」字，均接續無間。據此，二者當為同一寫卷脫落的殘片無疑。

▲ 圖15　S.4288（局部）＋
　　　　S.1222（局部）綴合圖

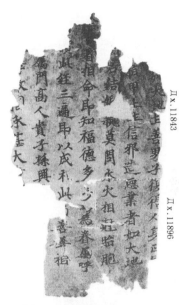

▲ 圖16　Дx.11843＋
　　　　Дx.11896綴合圖

十五、S.4288 號＋S.1222 號

（1）S.4288 號。見《寶藏》035／184B-186B。首尾皆殘，共一〇二行，每行十六至十九字。原卷缺題，《敦煌遺書總目索引》[9]擬題《天地八陽神咒經》，《寶藏》同。所存內容始「競來惱亂」句，至「正信修善者」句「信修」二字的右側殘筆止。相應文字見《大正藏》T85／1422C20-1424A19。

（2）S.1222 號。見《寶藏》9／308B-310B。首殘尾全，存七十二行，每行十六至十八字。所存內容始「如大地土」句的「地」字殘筆，尾題及背題「佛說八陽神呪經」。相應文字見《大正藏》T85／1424A19-1425B1。

9　《敦煌遺書總目索引》，北京：商務印書館，1962 年。以下簡稱《索引》。

按：上揭二殘卷當可綴合。如圖 15 所示，S.1222 號綴接於S.4288 號之後，其中 S.4288 號末倒數第二行的殘字「也」可與 S.1222 號首行的殘字「土」相合為「地」字（原文為「作鬼畜生者，如大地土」），S.4288 號末行的二殘字可與 S.1222 號第二行首二殘字相合為「信修」二字（原文為「正信修善者，如指甲上土」）。且二卷抄寫行款格式相同（有烏絲欄、行距相等、行約十七字，字體大小相近、字間距相近），書風相似（字體方正、筆墨濃重、字間距疏朗），書跡似同（比較兩件皆有的「善男子」、「之」諸字），其為同一寫卷之撕裂可以無疑。

十六、Дx.11843 號＋Дx.11896 號

(1) Дx.11843 號。見《俄藏》15／342A。殘片。如圖 16 上部所示，僅存七殘行，每行存中部六到十字。

(2) Дx.11896 號。見《俄藏》15／351A。殘片。如圖 16 下部所示，僅存五殘行，每行存下部三到六字。

按：上揭二殘片《俄藏》均未定名。據殘存文字推斷，應皆為《八陽經》之殘文。相應文字見《大正藏》T85／1424A18-1424A25。又此二片行款格式相同（行距相等、行約十七字、字體大小相近、字間距相近），書風相似（字形方正、結構規整、筆墨濃勻），書跡似同（比較二者皆有的「相」、「大」、「地」等字），當可綴合。如圖 16 所示，綴合後二件內容上下前後相接，銜接處原本分屬兩片的「復」、「惡」、「水」、「少」、「以」諸字皆得合而為一，接合凹凸處亦密合無間其為同一寫卷脫落的殘片無疑。

十七、Дx.11850 號…Дx.11813 號

(1) Дx.11850 號。見《俄藏》15／343A。殘片。如圖 17 右部所示，僅存六行，每行存中部一到四字。

(2) Дx.11813 號。見《俄藏》15／338A。殘片。如圖 17 右部所示，

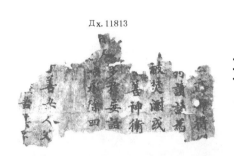

Дх.11813

Дх.11850

▲ 圖 17　Дх.11850⋯Дх.11813 綴合示意圖

僅存九行，每行存中部四到六字（第七行空白無文字）。

　　按：上揭二殘片《俄藏》均未定名。據殘存文字推斷，應皆為《八陽經》之殘文。相應文字見《大正藏》T85／1423A1-1424A19。又此二片行款格式相同（有烏絲欄、行距相等、行約十七字、字體大小相近、字間距相近），書風相似（字體方正、筆墨濃厚、字間距均勻），書跡似同（比較兩件皆有的「為」、「得」等字，以及豎、豎鉤、捺等相同筆畫），當為同一寫卷脫落之殘片。但二片難以直接綴合，比對完整寫本，其間仍缺三行。綴合示意圖如圖 17 所示。

　　十八、Дх.11870 號＋Дх.11916 號

　　(1) Дх.11870 號。見《俄藏》15／346B。殘片。如圖 18 右部所示，存九行，行十六到十八字，首行僅存上部二三字左側殘形，次行上殘。

　　(2) Дх.11916 號。見《俄藏》16／3B。殘片。如圖 18 左部所示，存七行，每行存下部六到十字。

　　按：上揭二殘片《俄藏》均未定名。據殘存文字推斷，應皆為《八陽經》之殘文。相應文字見《大正藏》T85／1423A25-1423B13。又此二片行款格式相同（地腳等高、有烏絲欄、行距相等、行約十七字、字體大小相近、字間距相近），書風相似（筆畫纖細，常有曲筆），書跡似同（比較兩件皆有的「如」、「來」、「即」等字），當可綴合。如

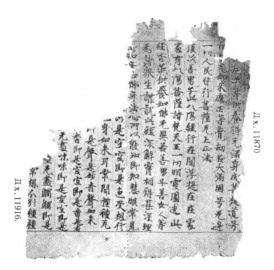

▲ 圖 18　Дx.11870＋Дx.11916 綴合圖

圖 18 所示，Дx.11870 號在前，Дx.11916 號在後，二片右左相接，銜接處分屬兩片的「空」可成完璧，烏絲欄亦密合無間，其為同一寫卷之殘片無疑。

十九、P.3897 號…Дx.2348 號

(1) P.3897 號。見《法藏》29／113A-115B。首全尾殘。共一四八行，每行十六到十七字。卷中殘損嚴重。首題「佛說八陽神呪經」，至「（使一切不善）之物」句止。相應文字見《大正藏》T85／1422B17-1424B8。

(2) Дx.2348 號。見《俄藏》9／161B。殘片。如圖 19 左部所示，僅存八行，每行存上部九到十字。原卷缺題，《俄藏》擬題《天地八陽神咒經》。相應文字見《大正藏》T85／1425A1-1425A10。

按：上揭二號抄寫行款格式相同（天頭等高且均殘損嚴重、有烏絲欄、行約十七字、字體大小相近、字間距相近），書風相似（筆畫先輕後重、筆勢右上斜傾），書跡似同（比較兩件皆有的「旡」、「此」、

Дх. 2348

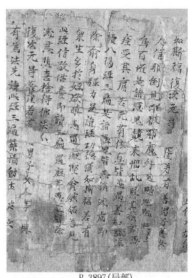

P. 3897（局部）

▲ 圖 19　P.3897（局部）與 Дх.2348 對比圖

「人」、「經」等字），且兩件紙面皆有污跡，疑 Дх.2348 號為從 P.3897 號撕裂的殘片。但二者內容不相接，借助有完整文本的寫本 P.2098 號比定，其間缺文約三十八行，不能直接綴合。其對比示意圖如圖 19 所示。

二十、S.1942 號＋BD7754 號

（1）S.1942 號。見《寶藏》14／607B-610B。首尾皆殘，存一四〇行，每行十七字。原卷缺題，《索引》擬題《八陽神咒經》，《寶藏》同。始「復次，无旱無導菩薩，若有男子女人信邪倒見」句，至「即現不動如來、大光（明佛）」句止。相應文字見《大正藏》T85／1422C18-1424C5。

（2）BD7754 號（北 7658，始 54）。見《國圖》98／298A-299A。首殘尾全，存三十六行，每行十六到十八字。始於「（即現不動如來、大光）明佛」句至尾題「佛說八陽神咒經」止。相應文字見《大正藏》

T85／1424C5-1425B3。《國圖》敘錄稱此為九至十世紀歸義軍時期寫本。

按：上揭二殘卷可以綴合。其局部綴合圖如圖 20 所示，S.1942 號止於「旡分別天中，即現不動如來、大光明佛」的「光」字，BD7754 號始於同句「明」字，二殘卷內容前後正相銜接。且二卷抄寫行款格式相同（行距相等、有烏絲欄、行約十七字、字體大小相近、字間距相近），書風相似（筆畫舒展，筆勢稍右上傾），書跡似同（計較兩件皆有的「來」、「天」、「中」、「明」等字）。雖然二殘卷輾轉

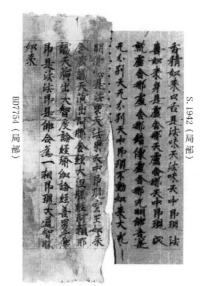

▲ 圖 20　S.1942（局部）＋
BD7754（局部）綴合圖

多人之手，館藏不一，致所見書影攝片紙色、墨色不一，但並不影響對其實為同一寫卷撕裂為二的判斷。

二十一、BD2334 號＋BD2342 號＋BD2711 號

(1) BD2334 號（北 7661；餘 34）。見《國圖》33／133A-134A。二紙。首尾皆殘，存五十二行，每行十六至十八字。原卷缺題，《敦煌劫餘錄》擬題《佛說八陽神咒經》。所存內容始於「多於婬欲瞋恚愚癡慳貪嫉妬」句殘「妬」字女旁，至「不了自心」句止。相應文字見《大正藏》T85／1422C25-1423B23。《國圖》敘錄稱此為七至八世紀寫本。

(2) BD2342 號（北 7662；餘 42）。見《國圖》33／53B-154B。2紙。首尾皆殘，存五十六行，每行十七至十八字。原卷缺題，《敦煌劫餘錄》擬題《佛說八陽神咒經》。所存內容始於「是佛法根本」句，至「須量彌菩薩漏盡和」句止。相應文字見《大正藏》T85／1423B23-

1424B3。《國圖》敘錄稱此為七至八世紀寫本。

　　（3）BD2711號（北7655；呂11）。見《國圖》37／30A-31B。三紙。首殘尾全，存六十二行，每行十七字。所存內容始「那羅達菩薩漏盡和」句，至尾題「佛說八陽神咒經」止。相應文字見《大正藏》T85／1424B2-1425B3。《國圖》敘錄稱此為八至九世紀歸義軍時期寫本。

　　按：〈國圖〉敘錄已指出BD2334號與BD2342號可以綴合。今謂BD2711號亦可與此二卷綴合。如圖21-1所示，BD2334號止於「不了自心」句，BD2342號始於下句「是佛法根本」；又如圖21-2所示，BD2342號止於「須量弥菩薩漏盡和」句，BD2711始於下句「那羅達菩薩漏盡和」，三號內容前後相接。又其抄寫行款格式相同（天頭地腳寬度等同、有烏絲欄、行約十七字、字體大小相近、字間距相近），書風相似（字體方正、筆墨勻厚），書跡似同（比較BD2334號與BD2342號皆有的「不」、「復」、「佛」、「旡」、「之」等字，BD2342號與BD2711號皆有的「菩薩漏盡和」、「羅」、「八」等字），其為同一寫卷

▲　圖21-1　BD2334（局部）＋
　　　　　　BD2342（局部）綴合圖

▲　圖21-2　BD2342（局部）＋
　　　　　　BD2711（局部）
　　　　　　綴合圖

之撕裂無疑。《國圖》敘錄認為 BD2334 號與 BD2342 號為七至八世紀寫本，BD2711 號則為九至十世紀歸義軍時期寫本，值得商榷。

二十二、D9188A 號＋BD9187 號＋BD7925 號

(1) BD9187 號（唐 8）。見《國圖》105／134B-135A。袖珍本。二紙。首尾皆殘，存三十七行，每行十一至十二字。原卷缺題，《國圖》擬題《天地八陽神咒經》。所存內容始「佛告无礙菩薩，一切眾生（▨▨即得）人身」句，至「忽被縣官拘執」句「忽」殘筆止。相應文字見《大正藏》T85／1422C11-1423A9。《國圖》敘錄稱此為九至十世紀歸義軍時期寫本。

(2) BD9188A 號（唐 9）。見《國圖》105／135B。袖珍本。二紙。首尾皆殘，存二十一行，每行十一至十二字。原卷缺題，《國圖》擬題《天地八陽神咒經》。所存內容始「（剛）強者多」句，至「佛告无礙菩薩，一切眾生即得人身」句「即得」二殘字止。相應文字見《大正藏》T85／1422B25-1422C11。《國圖》敘錄稱此為九至十世紀歸義軍時期寫本。

（3）BD7925 號（北 7631；文 25）。見《國圖》99／289B-293B。袖珍本。八紙。首殘尾全，存二〇五行，每行十一至十三字。所存內容始「被縣官拘執，盜賊牽挽」句，至尾題「佛說八陽神咒經」止。相應文字見《大正藏》T85／1423A9-1425B3。《國圖》敘錄稱此為九至十世紀歸義軍時期寫本。

按：《國圖》敘錄已指出前二號可以綴合。今謂上揭三號可綴合為一。如圖 22-1 所示，綴合後 BD9188A 號與 BD9187 號銜接處原本分屬兩片的「依」、「皆成聖道」五字可復合為一；又如圖 22-2 所示，綴合後 BD9187 號與 BD7925 號銜接處原本分屬兩片的「若有眾生」四字可復合為一，接縫處密合無間。且三者抄寫行款格式相同（天頭地腳高

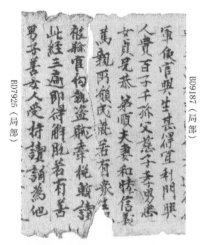

▲ 圖 22-1　BD9188A（局部）＋
　　　　　　　BD9187（局部）綴合圖

▲ 圖 22-2　BD9187（局部）＋
　　　　　　　BD7925（局部）綴
　　　　　　　合圖

度等同、有烏絲欄、行約十二字、字體大小相近、字間距相近），書風相似（字體疏拙、筆墨濃重），書跡似同（比較 BD9188A 號與 BD9187 號皆有的「身」、「真」、「為」等字，BD9187 號與 BD7925 號皆有的「人」、「子」、「男」等字），可資佐證。三件綴合後，本卷大部完整。

二十三、Дx.3947 號＋Дx.3952 號＋Дx.3967 號＋Дx.3951 號

（1）Дx.3947 號＋Дx.3952 號＋Дx.3967 號。見《俄藏》11／106B。殘片。僅存十行，行約十四至十六字，後四行下部殘泐。始「門高人貴」句之「貴」（原卷誤作「遺」），至「是八菩▨▨▨▨（薩俱白佛）」句止。相應文字見《大正藏》T85／1424A24-1424B5。

（2）Дx.3951 號。見《俄藏》11／107A。殘片。如圖 23 左下部所示，僅存二殘行，分別存下部「▨（盡）和。那羅達」、「▨（達）菩薩漏盡和」諸字。

按：Дx.3947 號＋Дx.3952 號＋Дx.3967 號，《俄藏》已綴合為一，

Дx. 3951　　　　　　　　　Дx. 3947 Дx. 3952 Дx. 3967

▲ 圖 23　Дx.3947＋Дx.3952＋Дx.3967＋Дx.3951 綴合圖

《敦煌佛經字詞與校勘研究》[10] 定名為《佛説天地八陽神呪經》，是。
Дx.3951 號未定名，據殘存文字推斷，應為《八陽經》之殘片。又此四
片行款格式相同（行距相等、字體大小相近、字間距相近），書風相似
（書寫一般、字體結構不規整），書跡似同（比較皆有的「菩薩」、「盡
和」等字），當可綴合。如圖 23 所示，Дx.3951 號所存二殘行可分別與
前三號綴合之殘片第七、八殘行綴合，綴合後銜接處原本分屬二片的
「盡」、「達」復合為一，且該二行完整無缺。

　　二十四、Дx.2749 號…Дx.502 號…Дx.1799 號…Дx.1955 號

　　(1) Дx.2749 號。見《俄藏》10／025B。殘片，如圖 24 右圖所示，
存三行，每行存中部三到四字。

　　(2) Дx.502 號。見《俄藏》6／322B。殘片，如圖 24 中右圖所示，

10　曾良《敦煌佛經字詞與校勘研究》，廈門：廈門大學出版社，2010 年，第 214 頁。

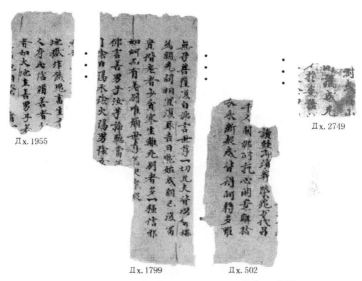

Дх.1955
Дх.2749
Дх.1799
Дх.502

▲ 圖 24　Дх.2749…Дх.502…Дх.1799…Дх.1955 綴合示意圖

存三行，每行存下部十到十一字。

（3）Дх.1799 號。見《俄藏》6／322B。殘片，如圖 24 中左圖所示，存六行，每行十七到十八字，前三行完整，後三行下部殘泐。

（4）Дх.1955 號。見《俄藏》6／322B。殘片，如圖 24 左圖所示，存五行，每行下部殘缺，且前後行僅存若干殘字。

按：上揭四殘片，《俄藏》已將 Дх.1955 號、Дх.1799 號一併列在Дх.502 號下，但排列順序欠妥；《孟錄》四殘片均擬題《佛說八陽神咒經》，並標明可以綴合。如圖 24 所示，其先後順序為 Дх.2749 號、Дх.502、Дх.1799、Дх.1955 號。借助有完整文本的寫本 P.2098 號比定，Дх.2749 號與 Дх.502 號間缺七十一行，Дх.502 號與 Дх.1799 號間缺一行，Дх.1799 與 Дх.1955 號間缺五行。[11] 相應文字見《大正藏》T85／

11　《俄藏敦煌漢文寫卷敘錄》下冊第 397-398 頁已正確標注這三個殘片的先後順序，但該書稱 Дх.1799 號可與 Дх.502 號「直接相銜接」，則未確。

1423A12-1424A22。此四片抄寫行款格式相同（天頭地腳寬度等同、烏絲欄纖細、行約十七字、字體大小相近、字間距相近），書風相似（橫細豎粗、筆意相連），書跡似同（比較 Дх.2749 號與 Дх.1799 號皆有的「成」字、Дх.502 號與 Дх.1799 號皆有的「多」、「佛」二字、Дх.1799 號與 Дх.1955 號皆有的「者」、「善」、「男」、「子」等字），可資佐證。

　　上面我們通過內容、行款、書風、書跡等不同角度的比較分析，把 66 號《八陽經》殘卷或殘片綴合為二十四組。這一工作具有多方面的重要意義：

　　1.使部分散失的寫卷得以「團聚」

　　敦煌寫卷流散於世界各地公私收藏機構，由於種種原因，原本完整或相對完整的寫卷被割裂為數卷是常有的事，從而導致骨肉散失，身首分離，對整理研究工作帶來了嚴重的影響。所以敦煌殘卷的綴合是敦煌文獻整理研究「成敗利鈍之所關」的基礎工作之一。本文既有把同一館藏的殘卷綴合在一起的，如第一組把 Дх.4952 號、Дх.12612 號、Дх.11777 號、Дх.11934 號、Дх.12740 號、Дх.12637 號綴合為一，第二十一組把 BD2334 號、BD2342 號、BD2711 號綴合為一；又有把不同館藏的殘卷綴合在一起的，如第七組把 BD11943 號、BD10197 號與羽260 號綴合為一，第十四組把 P.5587（11）號與 BD11242 號勘合為一，第十九組把 P.3897 號與 Дх.2348 號勘合為一。如同散失的骨肉得以團聚，飄零的殘卷重得合璧，其對進一步整理研究的意義是不言而喻的。

　　2.幫助判定寫卷信息

　　敦煌殘卷或殘片往往首尾殘缺，加之有的殘卷或殘片殘存篇幅不多，其本身所能提供的信息往往是含混不清的，從而對正確判斷帶來不利影響。而當把若干個殘卷或殘片綴合在一起以後，則可幫助我們作出更為客觀準確的判斷。如《國圖》敘錄認為BD9181 號與 BD10296

號均為九至十世紀歸義軍時期寫本，而 BD10189 號則為七至八世紀唐寫本，然而根據上文第四組的綴合結果，BD10189 號與 BD10296 號都是從 BD9181 號破損處脫落的殘片。很顯然，這三號寫卷不可能出自不同的時期。又如《國圖》敘錄稱 BD11834 號殘片「經黃打紙」，而 BD9176 號殘卷「麻紙，未入潢」然而根據上文第十二組的綴合結果，BD11834 號殘片實為從 BD9176 號一角脫落的殘片，所採用的紙張不可能存在「未入潢」與「經黃打紙」的區別。

3.為其他敦煌佛經殘卷的綴合提供借鑑

敦煌藏經洞本係寺廟所屬，所以敦煌文獻本質上是佛教文獻佛教經典占了絕大多數。自藏經洞重見天日的百年以來，尤其是最近三十多年，相關研究的視野不斷擴大，水平不斷提高，但其中的大宗佛教文獻的研究依然是敦煌文獻研究中最為薄弱的領域之一。敦煌佛經文獻殘卷的綴合同樣也是如此。事實上，由於敦煌佛經寫本複本眾多，一卷撕裂為多卷的情況尤為普遍，殘卷綴合的任務也更為繁重。通過本文的研究，為敦煌佛經殘卷的綴合提供了範例，相信可以有力推動這方面工作的開展。

參考文獻

張涌泉、張新朋《敦煌殘卷綴合研究》，《文史》2012 年第 3 輯，第 313-330 頁。

張涌泉《俄敦 18974 號等字書碎片綴合研究》，《張涌泉敦煌文獻論叢》，上海：上海古籍出版社，2011 年，第 67-82 頁。

張新朋《敦煌寫本〈開蒙要訓〉研究》，浙江大學博士論文，2008 年。

孟列夫《俄藏敦煌漢文寫卷敘錄》，上海：上海古籍出版社，1999 年。

（本篇與羅慕君合寫，原載《中華文史論叢》2014 年第 2 期）

參

《瑜伽師地論》系列敦煌殘卷綴合研究

　　《瑜伽師地論》，簡稱《瑜伽論》，是印度大乘佛教瑜伽行唯識學派及中國法相宗的根本大論。「瑜伽」是禪定或止觀的代名詞，「瑜伽師地」指瑜伽師修行所要經歷的境界（十七地），故亦稱《十七地論》。相傳為彌勒菩薩口述，無著記錄。唐貞觀二十一年至二十二年（647-648），玄奘法師於東都洛陽弘福寺譯出，凡一百卷，是該論最完整最權威的譯本，影響很大。其後出現了一些推演疏釋玄奘譯本的著作，如窺基撰《瑜伽師地論略纂》十六卷，遁倫（新羅）撰《瑜伽論記》四十八卷，清素撰《瑜伽師地論義演》四十卷，等等，均有傳本。

　　敦煌文獻中也有大批《瑜伽師地論》寫本及其演繹之作。其中有《瑜伽師地論》寫本 151 號，這些抄本離玄奘譯本成書時間不遠，較傳世刻本更多地保存著譯本的原貌，是研究《瑜伽師地論》譯本流傳的珍貴文獻。此外，還有一批敦煌僧徒記錄唐代高僧法成講述《瑜伽師地論》的聽課筆記，包括《瑜伽師地論手記》寫本 35 號、《瑜伽師地

論分門記》寫本 36 號，前者是略解，後者是大科，均未見於歷代藏經所收載，更是解讀《瑜伽師地論》內容的第一手資料。但這些寫本以殘卷或殘片為主，對進一步的整理研究造成了不利影響。寫卷殘缺或破損的原因是多方面的，其中的一個重要原因是敦煌藏經洞文獻入藏時及發現後人們翻檢整理時有意無意撕裂造成的。即這些殘卷或殘片有的本來是完整或相對完整的，現在的「骨肉分離」是人為造成的，它們的其他部分分離各處，有著復合的可能性。本文就是試圖通過內容、裂痕、行款、書風等方面的分析，對《瑜伽師地論》及其疏釋之作的殘卷或殘片作「復合」的工作。

　　經初步研究，其中有二十六個殘卷或殘片可綴合成十一組。以下就按各組綴合後文本的先後順序依次加以討論。文中「俄弗」「俄敦」指《俄藏敦煌文獻》（上海古籍出版社 1992-2001 年出版，簡稱《俄藏》）編號；「北敦」指《國家圖書館藏敦煌遺書》（北京圖書館出版社 2005-2012 年出版，簡稱《國圖》）編號；「斯」指英國國家圖書館所藏敦煌文獻斯坦因編號（據縮微膠卷及《敦煌寶藏》，臺北新文豐出版公司 1981-1986 年出版，簡稱《寶藏》；《英國國家圖書館藏敦煌遺書》，廣西師範大學出版社 2011 年起陸續出版）；「伯」指法國國家圖書館所藏敦煌文獻伯希和編號（據法國國家圖書館公布的彩色照片或《法藏敦煌西域文獻》，上海古籍出版社 1995-2005 年出版，簡稱《法藏》）；「浙敦」指《浙藏敦煌文獻》（浙江教育出版社 2000 年出版，簡稱《浙藏》）編號；「羽」指《敦煌秘笈》（日本大阪武田科學振興財團 2009-2013 年出版，簡稱《秘笈》）所收敦煌寫卷羽田亨編號。不同卷號可直接綴合的用「＋」號相接，不能直接綴合其間仍有殘缺的用「…」號相接。錄文時原卷缺字用□表示，殘缺不全或模糊難辨者用▨表示。為凸顯綴合效果，綴合圖中二卷銜接處必要時留一縫隙或添加虛線示意。

一、北敦 9665 號＋北敦 1324 號

（1）北敦 9665 號（湯 86），見《國圖》106／176A[1]。首尾皆殘。二紙。如圖 1 右部所示，存二十六行，行約十七字。首行僅存中上部三四字左側殘畫，第十六行下端殘缺三至四字，第十七到二十六行上下皆殘（殘泐程度逐漸加劇），末行僅存中部三字（完整者僅一「置」字，其上下一字僅存殘形）。楷書。有硃筆科分。有烏絲欄。原卷缺題，《國圖》擬題「瑜伽師地論卷二一」。《國圖》敘錄定為九至十世紀歸義軍時期寫本。

（2）北敦 1324 號（北 7193；張 24），見《國圖》20／62A-63B。首殘尾全。三紙。存六十八行，行約十七字。前部如圖 1 左部所示，前五行上部殘，六到十一行中部殘（殘泐程度逐漸減少）。尾題「瑜伽師地論卷第廿一」。楷書。有烏絲欄。《國圖》敘錄定為七至八世紀唐寫本。

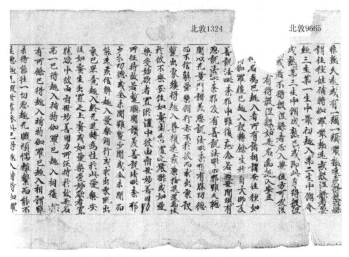

▲ 圖 1　北敦 9665（局部）＋北敦 1324（局部）綴合圖

1　斜槓「／」前的數字為冊數，其後的數字、字母為頁數及欄數（引用《大正藏》欄數後另標出行數）。下仿此。

按：上揭二號行款格式相同（天頭地腳等高，皆有烏絲欄，字體大小相似，字間距及行間距皆相近，行均約十七字），書風相似（墨跡較重，捺筆出鋒，橫筆收頓明顯），字跡相同（比較二號共有的「人」「不」「者」等字），可以綴合。如圖 1 所示，綴合後二號斷痕吻合無間，原本分屬二號的「法」「毗」「門」「趣」「蟲」「之」「那」「奈」「過」「身」等字皆得復合為一，且內容前後相承，可見此二號確為同一寫卷之撕裂。二號綴合後，原文始「而未能證最勝第一阿羅漢果」句後三殘字，訖尾題「瑜伽師地論卷第廿一」，相應文字參見《大正藏》T30／400C5-401C7。

又，上揭二號既可綴合為一，而《國圖》敘錄稱北敦 1324 號為七至八世紀唐寫本，北敦 9665 號為九至十世紀歸義軍時期寫本，必有一誤。

二、俄弗 71 號＋斯 4370 號

(1) 俄弗 71 號，見《俄藏》2／265B-266A。首全尾殘。存三十八行，行約十七字。首題「瑜伽師地論卷第三　彌勒菩薩說　沙門玄奘

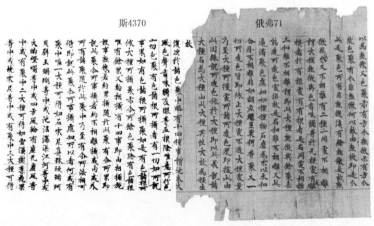

▲ 圖2　俄弗 71（局部）＋斯 4370（局部）綴合圖

奉詔譯」。後部如圖 2 右側所示，末行所存下部十二字左側殘缺。楷書。有烏絲欄。

　　(2) 斯 4370 號，見《寶藏》35／525A-526B。首殘尾缺。存七十行，行約十七字。前部如圖 2 左側所示，首行僅行首一「故」字；次行上端五字完整，第六字「聚」下部略有殘泐，再以下十餘字僅存左側殘畫。楷書。有烏絲欄。原卷缺題，《敦煌遺書總目索引》泛題「佛經」；《敦煌寶藏》擬題「瑜伽師地論卷第三」。

　　按：上揭二號行款格式相同（天頭地腳等高，行間皆有烏絲欄，字體大小相似，字間距及行間距皆相近，行均約十七字），書風相似（墨跡較重，橫畫起筆出鋒明顯），字跡相同（比較兩號共有的「一」「所」「色」等字），可以綴合。如圖 2 所示，綴合後二號斷痕密合，原本分屬二號的「中」「略」「有」「十」「四」「種」「事」「謂」「地」等字皆得復合為一，且內容前後相承，中無缺字，可見此二號確為同一寫卷之撕裂。二號綴合後，所存內容始首題「瑜伽師地論卷第三」，訖「謂處所極遠」句前三字。相應文字參見《大正藏》T30／289C23-291A19。

三、斯 4224 號＋斯 8762 號＋俄敦 1610 號

　　(1) 斯 4224 號，見《寶藏》34／541A-550B。首全尾殘。卷中有補寫修改。存四○三行，行二十四字左右。首題「瑜伽師地論卷第卅四　彌勒菩薩説　三藏法師玄奘奉詔譯」。後部如圖 3 右部所示，倒數第二行下殘缺五字，末行僅存「過百劫已出无佛世，无師自能修三十七菩提分法」之「已出无佛世，无」六字，其中「已」字殘缺上半，「无」字殘缺左下部。楷書。有烏絲欄。

　　(2) 斯 8762 號，彩色照片見 IDP 網站。如圖 3 左上部所示，殘片，存九行，且下部殘缺。楷書。有烏絲欄。原卷無題，未見定名。

　　(3) 俄敦 1610 號，見《俄藏》8／254B。如圖 3 左下部所示，殘片，存十八行（第十六至十七行所存下部圖版無文字），且上部殘缺。末行題「大中十一年九月七日比丘張明照隨聽寫記」。原卷無題，《俄藏》擬題「瑜伽師地論本地分中獨覺地第十四」。

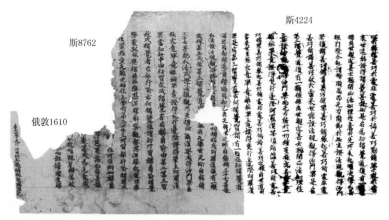

斯4224

斯8762

俄敦1610

▲ 圖 3　斯 4224（局部）＋斯 8762＋俄敦 1610 綴合圖

　　按：後二號應亦皆為《瑜伽師地論》卷三四殘片，且上揭三號內容先後銜接，可以綴合。如圖 3 所示，斯 4224 號倒數第二行「謂有一類」之下殘缺部分在俄敦 1610 號首行，二者拼合，連成「謂有一類依初獨覺道」句，該行完整無缺；斯 4224 號末行上部殘缺部分在斯 8762 號首行，下部殘缺部分在俄敦 1610 號次行，三者拼合，該行完整無缺，銜接處原本分屬二號的「已」字「旡」字復合為一；斯 8762 號與俄敦 1610 號上下相接，銜接處原本分屬二號的「至」「梵」「者」「覺」「樂」「苐」等字復合為一。且此三號行款格式相同（皆有烏絲欄，字體大小相似，字間距及行間距皆相近），書風相似（墨跡較重，缺少鋒芒），字跡相同（比較三號共有的「無」「二」「修」「苐」等字），可資參證。三號綴合後，原文始首題，訖張明照題記，相應文字參見《大

正藏》T30／470C8-478A27，全卷除尾部略有殘泐外，該卷主體部分得以保全。

四、北敦 2149 號＋北敦 9596 號…浙敦 170 號…浙敦 171 號

(1) 北敦 2149 號（北 8613；藏 49），見《國圖》30／135A-136A。三紙。首尾皆殘，存四十九行，行約十七字。前三行上部殘，後四行下部殘泐漸次加大，末行僅存首字右半。後部如圖 4 右部所示。楷書。有烏絲欄。原卷缺題，《國圖》擬題「瑜伽師地論卷一九」。所存內容始「愛非不愛語第二」句後六字，訖「大苦寂靜涅槃」句殘字「寂」。相應文字參見《大正藏》T30／381B24-382A18。《國圖》敘錄稱此為八至九世紀吐蕃統治時期寫本。

(2) 北敦 9596 號（湯 17），見《國圖》106／114B。首尾皆殘。一紙。存十九行，行約十七字。如圖 4 中右部所示，前後三行下部皆有殘泐，首行首字右側殘泐。楷書。有烏絲欄。原卷缺題，《國圖》擬題「瑜伽師地論卷一九」。所存內容始「大苦寂靜涅槃」句後四字（「寂」字右側殘泐），訖「脩無相心三摩地時」諸字右側殘畫。相應文字參見《大正藏》T30／382A19-382B8。《國圖》敘錄稱此為九至十世紀歸義軍時期寫本。

(3) 浙敦 170 號（浙博 145），見《浙藏》222B。首缺尾殘。一紙。如圖 4 中左部所示，存十六行，行約十七字。後三行下部略有殘泐。楷書。有烏絲欄。原卷缺題，《浙藏》稱作「佛經殘片」；黃征、張崇依《浙藏敦煌文獻校錄整理》擬題「瑜伽師地論卷第十九」，可從。所存內容始「復次今當略辨上所說義」句，訖「於此苦因不▨▨□（能遠離），□□（故名）愚夫」。相應文字參見《大正藏》T30／382C26-383A14。《浙藏》敘錄稱此卷為唐寫本。

(4) 浙敦 171 號（浙博 146），見《浙藏》222B。首尾皆殘。一紙，

如圖 4 左部所示，存十六行，行約十七字。首行底部三字略有殘泐，末行底部二字殘缺。楷書。有烏絲欄。原卷缺題，《浙藏》稱作「佛經殘片」；黃征、張崇依《浙藏敦煌文獻校錄整理》擬題「瑜伽師地論卷第十九」，可從。所存內容始「不能自然趣佛世尊或弟子所」句後五字，訖「調順柔和易可共住」句前六字。相應文字參見《大正藏》T30／383A28-383B16。《浙藏》敘錄稱此卷為唐寫本。

　　按：黃征、張崇依《浙藏敦煌文獻校錄整理》稱後二號紙高、框高、欄寬、天頭、地腳等基本要素相同，且二者筆跡一致，應本為同一寫卷，惜中部殘缺無法直接綴合[2]，其說可從。此二號均為張宗祥舊藏，可見其來源同一，且浙博列於同一號 23280・21 之下，說明原收藏者本已視其為同一寫卷之斷片。此二號綴合如圖 4 左部所示，據完整經本，二號間約缺十二行。

　　又北敦 2149 號與北敦 9596 號亦可綴合。此二號內容先後銜接，北敦 2149 號末行僅存的首字右半正可與北敦 9596 號首行首字左側殘字拼合為一完整的「寂」字，二號撕裂之處吻合無間。

　　進而論之，「北敦 2149 號＋北敦 9596 號」與「浙敦 170 號… 浙敦 171 號」應亦為同一寫卷之撕裂。上揭四號行款格式相同（天頭地腳等高，行間皆有烏絲欄，字體大小相似，字間距及行間距皆相近，行均約十七字），書風相似（墨跡粗重，橫畫起筆向上出鋒明顯，豎畫頓筆明顯，露出鋒芒），字跡相同（比較兩號共有的「上」「不」「此」等字），有許多相似的風格特徵。試比較表 1 所列例字。

2　黃征、張崇依《浙藏敦煌文獻校錄整理》，上海：上海古籍出版社，2012 年，第 574 頁。

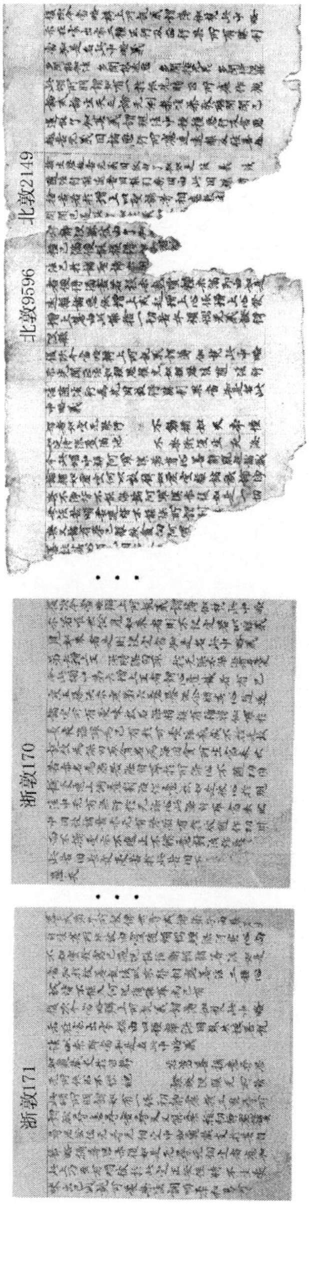

▲ 圖 4　北敦 2149（局部）+北敦 9596…浙敦 170…浙敦 171 綴合示意圖

　　通過表1我們可以看出，此四號在典型字的寫法上非常相似，如「了」形部件的入筆均有出鋒，「不」字撇筆和豎筆均帶有回鉤，「心」字中部的點和右部的點有牽連之勢，「此」字右側的豎彎鉤也帶有回鉤，「彼」字右部的豎和下面的「又」連筆而寫，等等，結體運筆均趨於一致，可證確應出於同一人之手。不過北敦9596號與浙敦170號也不能完全銜接，據完整文本，其間應缺約四十行。

例字 卷號	了 子	此	於	不	心	彼	愛
北敦 2149號	了了子	此此此	於於	不不	心心	彼彼彼	愛愛
北敦 9596號	了	此此此	於	不不	心心心	彼	
浙敦170號		此此此	於於	不不不	心心心	彼	愛
浙敦171號	子	此此此	於於	不不	心	彼彼彼	愛愛

▲ 表1　北敦2149、北敦9596號與浙敦170、浙敦171號用字比較表

　　又，上揭四號既可能出於同一人之手，《國圖》敘錄稱北敦2149號為八至九世紀吐蕃統治時期寫本，而北敦9596號為九至十世紀歸義軍時期寫本，顯然有誤；《浙藏》敘錄又稱浙敦170、浙敦171號為唐寫本，則失之寬泛。有必要根據這四號的總體特點，重新考慮它們的抄寫時代。

五、北敦5655號＋北敦5500號

（1）北敦5655號（北7189；李055），見《國圖》76／69。局部如

圖5右部所示，首全尾缺。一紙。存二十六行，行約十七字。楷書。下部有水漬痕跡。有烏絲欄。所存內容始首題「瑜伽師地論卷第十一彌勒菩薩説　沙門玄奘奉詔譯」，訖「四無色三摩鉢底」句的「四」字。相應文字參見《大正藏》T30／328C2-329A2。《國圖》敍錄定為九至十世紀歸義軍時期寫本。

　　(2)北敦5500號（北8612；菓100），見《國圖》74／121A-122A。局部如圖5左部所示，首尾皆缺。二紙。存五十六行，行約十七字。楷書。有烏絲欄。下部有水漬痕跡。原卷缺題，《國圖》擬題「瑜伽師地論卷十一」。所存內容始「四無色三摩鉢底」句後六字，訖「何緣不往如是國土」句前五字。相應文字參見《大正藏》T30／329A2-329C3。《國圖》敍錄定為九至十世紀歸義軍時期寫本。

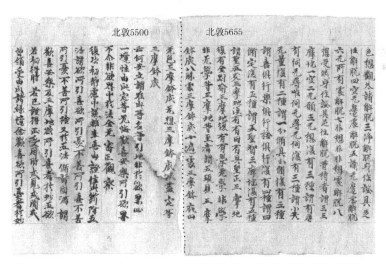

▲ 圖5　北敦5655（局部）＋北敦5500（局部）綴合圖

　　按：上揭二號內容前後相承，可以綴合。如圖5所示，北敦5655號末行行末的「四」字正好可與北敦5500號首行的「無色三摩鉢底」

銜接成「四無色三摩鉢底」句。二號綴合後，其水漬痕跡也恰好吻合。且此二號行款格式相同（天頭地腳等高，行間皆有烏絲欄，字體大小相似，字間距及行間距皆相近，行均約十七字），可資參證。

　　不過此二號的字體並不出於同一人之手。北敦 5655 號前二十二行（以下稱甲）出於同一人之手；北敦 5655 號的後四行（以下稱乙$_1$）和北敦 5500 號（以下稱乙$_2$）則似出於另一人之手。試比較以下例字：

例字 卷號	地	摩	復	者	无	謂
甲	地地地	摩摩摩	復復復	者	无无	謂謂
乙$_1$	地地地	摩摩摩	復復復	者	无无	謂謂
乙$_2$	地地地	摩摩	復復	者	无无	謂謂

▲ 表2　甲與乙$_1$、乙$_2$用字比較表

　　不難看出，甲明顯受過書法訓練，用筆較為準確，結構較為嚴謹，轉折頓挫節奏強烈分明，常用連筆，略帶行楷意味；而乙$_1$、乙$_2$風格相近，用墨較濃，結體相似，用筆皆缺乏力度，控筆能力欠佳，重心失衡現象明顯，均屬於初學者水準。甲與乙的結體也存在一定差異，如「復」字右中部甲卷作「目」形，而乙$_1$、乙$_2$則皆作「日」形。所以我們推測上揭二號是兩個抄手輪流抄寫而成的，甲是一個抄手，乙$_1$、乙$_2$則可能出於另一抄手。如果這個判斷成立，那就更可證明這二號確是同一寫卷之撕裂。

　　附帶指出，上揭二號有可能本是業已廢棄的兌廢紙。北敦 5655 號第五到六行為「總標與安立　作意相差別　攝諸經宗要最後／眾雜義若」，唐代前後抄經慣例，標準經本長行每行十七字，五言偈頌則每行四句二十字，但該號第五行偈頌仍依用長行之例僅抄十七字而把「眾

雜義」三字抄入下行，顯然不合規矩；又「眾雜義」下的「若」字，乃是第七行「若略說三摩呬多地」的首字誤抄於此而未刪去者（「若略說三摩呬多地」以下又為長行，依例應換行頂格，抄手誤接「若」字於偈頌之下，發現其誤，換行另抄，而誤抄的「若」字未及刪去）。又該號倒數第八行行末的「㕥」，乃「小大」二字，「大」字顯然有問題。北敦 5500 號末行「謂因尋思親屬何緣不往如」，據《大正藏》等經本，原卷「親屬」下應抄脫「等故心生追悔謂我何緣離別親屬」十四字，這是因為底本前後兩行分別有「親屬」一詞，抄手前一行「親屬」抄畢，走眼誤接下一行「親屬」後的內容，造成脫漏。正因為上揭二號原卷都有這樣那樣的抄寫錯誤，所以可能原本就已兌廢。不過從二號的水漬印及綴合後相吻合的情形判斷，該二號處於廢棄狀態原本應該是黏接在一起的。

六、北敦 15173 號＋斯 4165 號

(1) 北敦 15173 號（新 1373），見《國圖》140／154B-162B。十四紙。局部如圖 6 右部所示，首全尾缺。存三八三行，行約十七字。楷書。有硃筆標識符號。有烏絲欄。所存內容始首題「瑜伽師地論卷第十二　彌勒菩薩說　三藏法師玄奘奉詔譯」，訖「審諦圓滿旡諸放逸」句前五字。相應文字參見《大正藏》T30／335A13-339C14。《國圖》敘錄定為九至十世紀歸義軍時期寫本。

(2) 斯 4165 號，見《寶藏》34／281A-282B。局部如圖 6 左部所示，首尾皆殘。存六十六行，行約十七字。楷書。有硃筆標識符號。有烏絲欄。原卷無題，《敦煌遺書總目索引》泛題「佛經」；《寶藏》擬題「瑜伽師地論卷第十二」，是。所存內容始「審諦圓滿旡諸放逸」句後三字，訖「牟呼栗多」的「多」字。相應文字參見《大正藏》T30／339C14-340B24。

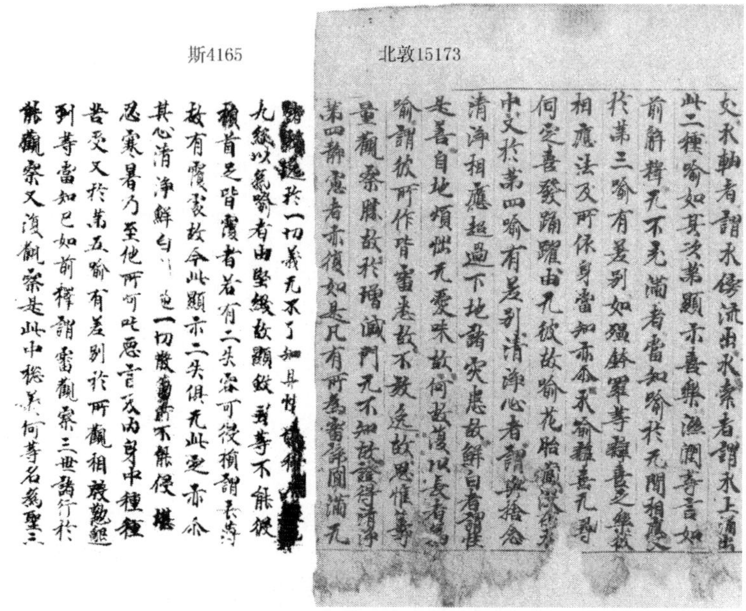

▲ 圖6　北敦15173（局部）＋斯4165（局部）綴合圖

　　按：上揭二號內容前後相承，應可綴合。二號綴合後如圖6所示，北敦15173號末行的「審諦圓滿無」與北敦5500號首行的「諸放逸」先後銜接，中無缺字。且二者行款格式相同（天頭地腳等高，皆有烏絲欄，字體大小相似，字間距及行間距皆相近，皆有硃筆標識符號，以「復次」起首的段落前多有「△」形標記，行均約十七字）書風相似（墨跡較重，橫畫收筆頓挫明顯），字跡相同（二號共有的「立」「第」「脩」等字字跡近同，比較表3所列例字），可以判定二號確為同一卷之撕裂。

例字 卷號	立	第	脩	能	緣	所	於
北敦15173號	立立立	苐苐苐	脩脩脩	能能	緣	所	扵
斯4165號	立立立	苐苐苐	脩脩脩	能能	緣	所	扵

▲ 表3　北敦15173號與斯4165號用字比較表

七、斯 3526 號＋北敦 14031 號

(1) 斯 3526 號，見《寶藏》29／283B-292A。局部如圖 7 右部所示，首全尾缺。存三四二行，行約十七字。楷書。有硃筆標識符號。有烏絲欄。所存內容始首題「瑜伽師地論卷第廿八　彌勒菩薩說　沙門玄奘奉詔譯」，訖「脩彼二品勝光明想，是名想脩」。相應文字參見《大正藏》T30／435C21-439C18。首題之前另行下端有「一真」字樣，當是抄寫者題名。

▲ 圖 7　斯 3526（局部）＋北敦 14031（局部）綴合圖

(2) 北敦 14031 號（新 231），見《國圖》119／82B-88A。九紙。局部如圖 7 左部所示，首缺尾全，存一九九行，行約十七字。楷書。有硃筆標識符號。有烏絲欄。所存內容始「云何菩提分脩」，訖尾題「瑜伽師地論卷第廿八」。後有「淨土寺藏經」長方形墨印。方印後有「一真本」三字，「一真」或是抄寫者題名。相應文字參見《大正藏》T30／

439C18-442A18。《國圖》敘錄定為九世紀歸義軍時期寫本。

　　按：上揭二號內容前後相承，應可綴合。二號綴合後如圖 7 所示，斯 3526 號末行的「脩彼二品勝光明想，是名想脩」正與北敦 14031 號首行的「云何菩提分脩」先後銜接，不缺一字。又北敦 14031 號首行之前另隱約可見一行字的左側殘畫，係二紙黏連時另一紙末行文字墨汁滲透所致，經仔細辨認，其上部七字殘畫正是斯 3526 號末行行端「為脩正觀脩彼二」左側墨汁滲透而然。另外斯 3526 號卷首與北敦 14031 號卷末均有「一真」題名，可見此二號均係「一真」所持有，或許亦即出於「一真」之手。而且此二號行款格式相同（天頭地腳等高，行間皆有烏絲欄，字體大小相似，字間距及行間距皆相近，皆有硃筆標識符號，段落之首皆或標有「𝄞」形標記，行約十七字），字跡相同（比較二號共有的「七」「我」「解」等字），可以判定二號確為同一卷之撕裂。為方便讀者比對，列出部分字形如下：

例字 卷號	七	我	解	斷	脩	那	因
斯 3526 號	七 七 七 七	我 我 我 我	解 解 解 解	斷 斷 斷 斷	脩 脩	那 那	因 因
北敦 14031 號	七 七 七 七	我 我 我 我	解 解 解 解	斷 斷 斷 斷	脩 脩	那	因

▲ 表 4　斯 3526 號與北敦 14031 號用字比較表

　　通過上表我們不難看出，「七」字最後一筆都帶有回鋒；「解」字右半都作「羊」形；「我」字左部都作「禾」形，右部的「戈」借用「禾」的橫筆，而又與「禾」若斷若連；「斷」字斯 3526 號凡二十見，北敦 14031 號十五見，前者作「斷」一見，後者作「斷」形者二見，其餘均作簡體俗字「断」，二種字形交錯出現的情況類似；「因」字中

間皆作「火」，等等，字形與結體均非常相似，足以證明此二號應出於
同一人之手。

　　附帶指出，北敦 14032 號《瑜伽師地論》卷三一尾題後有「丁丑年
七月十日說畢，沙彌一真隨聽本」，這應是「一真」聽法成講《瑜伽師
地論》所用的底本，其中的丁丑年當為八五七年。如上所說，斯 3526
號＋北敦 14031 號首題、尾題後分別有「一真」、「一真本」題署，這
個「一真」與北敦 14032 號的「一真」很可能是同一個人。[3] 如果這樣，
那麼二者的抄寫時間當不會相差太遠，《國圖》敘錄稱北敦 14031 號為
九世紀歸義軍時期寫本，庶幾近是。《國圖》敘錄稱北敦 14031 號、北
敦 14032 號皆為日本大谷探險隊所得，這是二者有可能同出一源的旁
證。不過，斯 3526 號＋北敦 14031 號與北敦 14032 號用字頗有不同，
如後者「因」字作「囙」或「囙」，「我」字作「我」，「解」字作「觧
」，「七」字作「七」，均與斯 3526 號＋北敦 14031 號寫法殊異。又如
斯 3526 號＋北敦 14031 號「色」字作「色」，北敦 14032 號則作「色」
或「色」；又如斯 3526 號＋北敦 14031 號「前」字，北敦 14032 號則作
「前」；斯 3526 號＋北敦 14031 號「瑜」字，而北敦 14032 號作「
瑜」，結體亦頗不同。如此看來，斯 3526 號＋北敦 14031 號與北敦
14032 號未必出於同一抄手，它們之所以同署「一真」，「一真」也許
僅僅只是使用者而已。斯 6788 號《瑜伽師地論分門記》卷二五至二
八、斯 333 號《瑜伽師地論分門記》卷四三是「一真」聽法成講《瑜伽
師地論》的聽課筆記，確出於一真之手（該二號卷中或卷背皆有「一
真」題署，字跡與正文同）。而斯 3526 號＋北敦 14031 號、北敦 14032

3　北敦 14026 號《瑜伽師地論》卷四末尾有「學問沙弥一真本」題署這個「一真」與上
　揭二卷的「一真」可能也是同一個人，但論文字體書風與上揭二卷大異，「一真」大
　約也僅是使用者而已。

號論文的字體與之明顯不同，這就進一步證明前者確非出於一真之手。

八、北敦 2403 號＋北敦 5825 號

(1) 北敦 2403 號（北 7211；成 3），見《國圖》34／10A-17B。首殘尾缺。十五紙。局部如圖 8 右部所示，存三八七行，行二十六字左右。楷書。有烏絲欄。原卷缺題，《敦煌劫餘錄》定作「瑜伽師地論卷冊八」。所存內容始「若興若衰等無差別」句後五字，訖「隨時正舉令其覺悟」句前六字。相應文字參見《大正藏》T30／556C23-564A16。《國圖》敘錄定為八至九世紀吐蕃統治時期寫本。

(2) 北敦 5825 號（北 7212；菜 25），見《國圖》78／234A-234B。首缺尾全。二紙。局部如圖 8 左部所示，存三十五行，行二十七字左右。楷書。有烏絲欄。尾題「瑜伽師地論卷第冊八」，題下小字署「大中十二年☒月一日說畢　比丘明照本」[4]，又另行書「大中十二年八月五日比丘明照隨聽寫記」。卷背又有題記一行：「大中十二年八月二日，尚書大軍發討蕃，開路。四日上磧。」字體與正面論文及另行所書題記字體相同，當亦是出於明照之手。所存論文內容始「隨時正舉令其覺悟」句「覺悟」二字，訖尾題。相應文字參見《大正藏》T30／564A16-546C19。《國圖》敘錄定為八五八年歸義軍時期寫本。

按：上揭二號內容前後相承，應可綴合。二號綴合後如圖 8 所示，北敦 2403 號末行行末「隨時正舉令其」六字與北敦 5825 號首行行

4　前一條題記「月」前的缺字原卷有塗改，似本作「六」，後又在原字上塗改作「十」，《中國古代識語集錄》（東京大學東洋文化研究所，1990 年，第 418 頁）、《國圖》敘錄等各家皆錄作「六」，然「六」「十」似皆不確；榮新江、余欣《敦煌寫本辨偽示例——以法成講〈瑜伽師地論〉學生筆記為中心》（原載《敦煌學‧日本學—石塚晴通教授退職紀念論文集》，上海：上海辭書出版社，2005 年，第 65-74 頁；茲據榮新江《辨偽與存真——敦煌學論集》所收，上海上海古籍出版社 2010 年，第 91-101 頁）謂「六」當是「八」字之誤，近是。

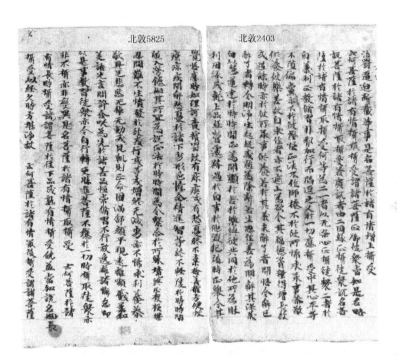

▲ 圖 8　北敦 2403（局部）＋北敦 5825（局部）綴合圖

首「覺悟」二字相連成「隨時正舉令其覺悟」句，先後銜接，中無缺字。且二號行款格式相同（天頭地腳等高，行間皆有烏絲欄，字體大小相似，行二十七字左右，行末字皆多有超出欄線者），字跡近同（比較二號共有的「經」「共」「棄」等字），可以判定二號為同一寫卷之撕裂。為進一步說明問題，茲列出部分字形比對如下：

例字 卷號	經	共	棄	解	御	勇	安	極	於
北敦2403號	經	共	棄	解	御	勇	安	極	於
北敦5825號	經	共	棄	解	御	勇	安	極	於

▲ 表 5　北敦 2403 號與北敦 5825 號用字比較表

　　從上表可知，上揭二號「經」字右部作「圣」形，「共」字上部作「业」形，「棄」字中部作「世」形，「於」字左部作「才」形，等等，字形結體呈現出極大的一致性，可見它們確應出於同一人之手。

　　又，今既知此二號可以綴合為一，《國圖》敘錄據敦 5825 號末尾題記稱其為八五八年歸義軍時期寫本，是；但又稱北敦 2403 號為八至九世紀吐蕃統治時期寫本，則顯然有誤，宜比照前者一併定作八五八年歸義軍時期寫本。

九、羽 518 號＋羽 183 號

　　(1) 羽 518 號，見《秘笈》6／444-447。首全尾缺。七紙。局部如圖 9 右部所示，存二一〇行，行三十三字左右。行間有校改文字及硃筆

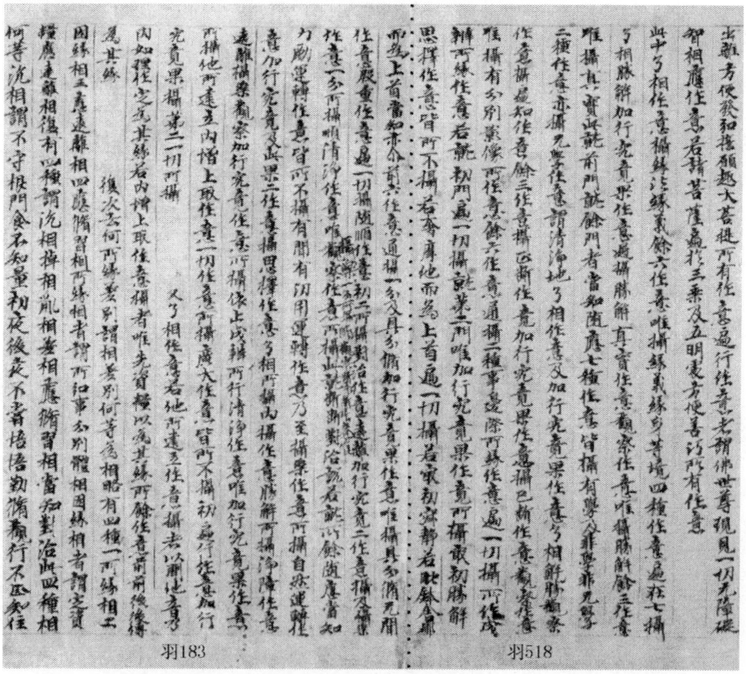

▲ 圖9　羽 518（局部）＋羽 183（局部）綴合圖

句讀。細字小楷。有烏絲欄。所存內容始首題「瑜伽師地論卷第十一

彌勒菩薩說　三藏法師玄奘奉詔譯」，訖「若毗鉢舍那而為上首」句

前五字。相應文字參見《大正藏》T30／328C2-333C6。

(2) 羽183號，見《秘笈》3／172-174。首缺尾全。二紙。局部如

圖9左部所示，存五十八行，行三十三字左右。行間有校改文字及硃筆

句讀。細字小楷。有烏絲欄。所存內容始「若毗鉢舍那而為上首」句

後四字，訖尾題「瑜伽師地論卷第十一」。相應文字參見《大正藏》

T30／333C6-335A10。

按：上揭二號內容前後相承，應可綴合。二號綴合後如圖9所

示，羽518號末行行末的「若毗鉢舍那」與羽183號首行行首的「而為

上首」相連為「若毗鉢舍那而為上首」句，先後銜接，中無缺字。且

二號行款格式相同（天頭地腳等高，行間皆有烏絲欄，字體大小相似，

行三十三字左右），字跡相同（比較二號共有的「作」「者」「脩」等

字），可資參證。為進一步說明問題，茲列出部分字形比對如下：

例字 卷號	作	者	脩	分	於	能	鹿
羽518號	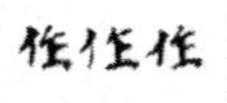 作作作	者	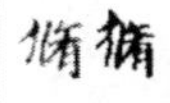 脩脩	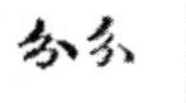 分分	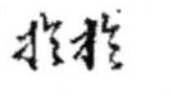 於於	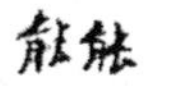 能能	 鹿
羽183號	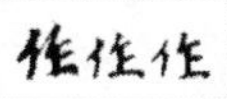 作作作	 者	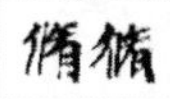 脩脩	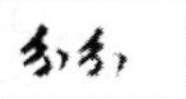 分分	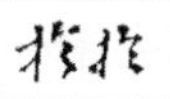 於於	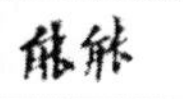 能能	鹿

▲ 表6　羽518號與羽183號用字比較表

通過上表可以看出，二號「作」字最後一橫皆有回筆出鋒的寫法；

「者」下部的「日」皆作草書；「脩」字左部從亻從彳並見；「能」字左

上部的「厶」多略去點，等等，用筆結體均極相似，可見確應出於同

一人之手。

十、北敦3482號＋斯6440號

　　(1) 北敦 3482 號（北 7192、露 82），見《國圖》48／176-190。十二紙。首全尾缺。局部如圖 10 右部所示，存三七五行，行二十八字左右。原卷內容始首題「瑜伽論第廿一卷隨聽手記」，訖「如食者，生不堪喫用，熟已方名離生也，此亦如是。見道已」。行書。有烏絲欄。有硃筆科分、句讀及校改。卷背騎縫處有「沙門洪真」硃筆題名三處。《國圖》敘錄稱其為九世紀歸義軍時期寫本。

斯6440　　　　　　北敦3482

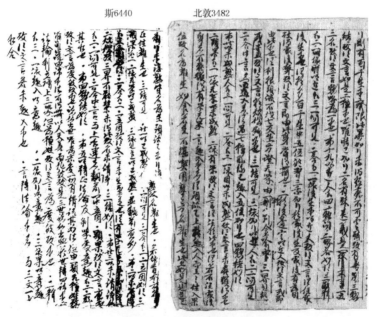

▲ 圖 10　北敦 3482（局部）＋斯 6440（局部）綴合圖

　　(2) 斯 6440 號，見《寶藏》46／501B-539A。首缺尾全。局部如圖 10 左部所示，存二〇六六行，行二十八字左右。所存內容始「前，行未淳熟皆名為生」，卷中依次題「瑜伽論卷第廿一卷竟」、「瑜伽論卷手記第二卷」（當校正作「瑜伽論卷第廿二手記」）、「瑜伽論卷第廿二手記」、「瑜伽論第廿三卷記」、「瑜伽師地論卷第廿三手抄記」、「瑜伽論

第廿四卷手記」、「第廿四卷手記説竟」、「瑜伽論第廿五卷手記」、「瑜伽論第廿五卷種姓地説竟」、「瑜伽論第廿六手記卷初」，尾題「瑜伽論上五卷手▨▨卷▨足」。行書。有烏絲欄。卷中卷背均有「沙門洪真」題名。

　　按：上揭二號均是比丘洪真聽法成講《瑜伽師地論》所做的筆記，內容前後相承，可以綴合。如圖 10 所示，北敦 3482 號最後部分解説《瑜伽師地論》卷二一初瑜伽處趣入地品第二，此處講至「第廿明未成熟人分三」。最後一行解釋「離生」，言「如食者，生不堪喫用，熟已方名離生也，此亦如是。見道已」，末三字正與斯 6440 號首行「前行未淳熟皆名為生」組成完整一句：「見道已前，行未淳熟皆名為生」，解説「生」之義。且北敦 3482 號言「第廿明未成熟人分三，一問可見，二答分二」，缺少所分之三，斯 6440 號前兩行解説完「二答分二」之後，即有「三結可見。第廿一明已成熟」，正與北敦 3482 號內容相承。又上揭二號均題有「沙門洪真」四字，行款格式相同，字跡書風近似，應均出於洪真「手本」，其為一卷之撕裂無疑。

十一、北敦 2072 號＋北敦 1857 號＋北敦 2298 號

　　(1) 北敦 2072 號（北 7199；冬 72），見《國圖》29／46-86。三十四紙。後部如圖 11-1 右部所示，存一二一五行，行二十五字左右。原卷依次題「瑜伽論卷第卅三手記」、「瑜伽論卷第卅四手記」、「瑜伽論卷第卅五手記」、「瑜伽論卷第卅六初手記」、「瑜伽論卷第卅七手初記」，前四卷全，後一卷至「瑜伽論卷第卅七手初記」之「七明遠清淨成熟方便等，中言違緣者，以自加行相違」句止，有殘缺，每卷篇首或篇末及卷背各紙接縫處多有「沙門洪真本」「沙門洪真手本」字樣，其中卷三三末尾有「八月卅日說畢記」題記。有硃筆科分及句讀。行書。有烏絲欄。《敦煌劫餘錄》列於「瑜伽師地論」之下，《國圖》定

名為「瑜伽師地論手記」卷三三至三七。《國圖》敘錄定為八至九世紀吐蕃統治時期寫本。

(2) 北敦 1857 號（北 7202；秋 57），見《國圖》25／344-359。十三紙。前部如圖 11-1 左部所示，後部如圖 11-3 右部所示，首尾皆缺。存四五五行，行二十五字左右。所存內容始卷三七「之緣也。言清淨者，謂涅槃果也」云云，至卷三九「第六明略義分二」。卷中有「瑜伽論卷第卅八初」、「瑜伽論卷第卅九初」字樣。行書。有烏絲欄。有硃筆科分及句讀。背面各紙接縫處有押縫簽名「沙門洪真本」字樣。《敦煌劫餘錄》列於「瑜伽師地論」之下，《國圖》定名為「瑜伽師地論分門記」卷三七至三九。《國圖》敘錄稱卷三七為九世紀歸義軍時期寫本，卷三八至卷三九為八至九世紀吐蕃統治時期寫本。

(3) 北敦 2298 號（北 7205；閏 98），見《國圖》32／295A-303B。十六紙。前部如圖 11-3 左部所示，存四五一行，行二十五字左右。所

▲ 圖 11-1　北敦 2072（局部）＋
　　　　　　 北敦 1857（前部）綴合圖

▲ 圖 11-2　伯 2036（局部）

存內容始卷三九「一明前三能治勝利」、「二明後一能治勝利」云云，卷中依次有「瑜伽論第卅九卷手記竟」、「瑜伽論卷第卅手初」、「瑜伽論第卅卷手記畢」、「瑜伽論卷手記第卅一初」字樣，末題「瑜伽論第卅一卷手記竟」，尾題後空二行有硃筆題記：「戊寅年後正月廿二日説卅一卷手記竟。」行書。有烏絲欄。有硃筆科分及句讀。背面各紙接縫處有押縫簽名「沙門洪真本」字樣。《敦煌劫餘錄》列於「瑜伽師地論」之下，《國圖》定名為「瑜伽師地論手記」卷三九至四一。《國圖》敘錄稱卷三九、卷四十為九世紀歸義軍時期寫本，卷四一為八五八年歸義軍時期寫本。

　　按：上揭三號均是比丘洪真聽法成講《瑜伽師地論》做的筆記，內容前後相承，可以綴合（前二號可綴合《國圖》敘錄已發）。前二號綴合後局部如圖 11-1 所示，北敦 2072 號最後部分解說《瑜伽師地論》卷三七初持瑜伽處成熟品第六，卷末「明成熟方便等分五」，其四「別釋分廿七」，依次為一明界增長成熟方便、二明現緣攝受〔方便〕[5]、三明趣入成熟方便、四明攝樂成熟方便、五明初發處成熟〔方便〕相、六明非初發處成熟方便相，至「七明遠清淨成熟方便相」止，而其後的「八明近清淨〔方便〕者」至「廿七明俱成熟〔方便〕相」在北敦 1857 號之首；北敦 2072 號末行釋「七明遠清淨成熟方便相」云「言違緣者，以自加行相違」句正與北敦 1857 號首行「之緣也；言清淨者，謂涅槃果也」先後相接，中無缺字。二號綴接後文字正與伯 2036 號比丘法鏡《瑜伽師地論手記》卷三七所記同一段講經文文字完全契合（參圖 11-2）。[6]《瑜伽師地論》卷三十七云：「云何成熟方便？當知此有二

5　「方便」二字底本無，茲據伯 2036 號比丘法鏡《瑜伽師地論手記》卷三七所記同一段講經文補。本段以下補字同此。

6　「以自加行相違」句末「違」字法鏡手記作「遠」，疑「遠」字義長。

十七種：一者界增長，二者現緣攝受，三者趣入，四者攝樂，五者初發處，六者非初發處，七者遠清淨，八者近清淨……二十七者俱成熟界。」乃手記演繹所本，可資參證。

　　後二號綴合後局部如圖 11-3 所示，北敦 2298 號始卷三九「一明前三能治勝利」、「二明後一能治勝利」云云乃上承北敦 1857 號「第六明略義分二」而言，先後銜接，不缺一字。二號綴接後文字正與伯 2036 號比丘法鏡《瑜伽師地論手記》卷三九所記同一段講經文文字完全契合（參圖 11-4）。伯 2190 號《菩薩地第十五分門記》卷二云：「第六明略義分二：一明前三能治勝利，二明後一能治勝利。」亦可資參證。

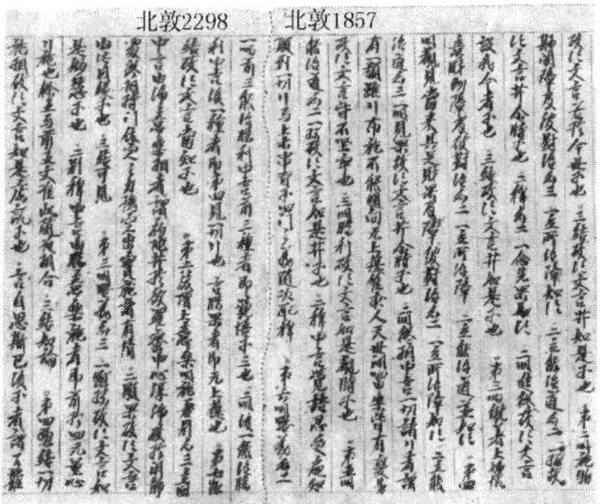

▲ 圖 11-3　北敦 1857 號（後部）＋
　　　　　　北敦 2298（前部）綴合圖

▲ 圖 11-4　伯 2036（局部）

　　又上揭三號均屬「沙門洪真本」，行款格式相同，字跡書風近似[7]，應均出於洪真「手本」，其為一卷之撕裂可以無疑。

7　北敦 1857 號第 1 行和第 28 行以後文字筆跡與北敦 2072 號、北敦 2298 號全同，當皆出於洪真之手；但北敦 1857 號第 2-27 行字跡有所不同，或因洪真臨時有事請人代筆所致。

　　據前賢研究，高僧法成在敦煌開元寺講解《瑜伽師地論》，經始於大中九年（855）三月，每月大約講一至二卷。到大中十一年六月廿二日，已講畢第三十卷（斯 5309 號《瑜伽師地論》卷三十末比丘恒安題記）；同年九月七日、十月十日，則已分別講至卷三四（俄敦 1610 號《瑜伽師地論》卷三四比丘張明照題記）、卷三五（中村 81 號《瑜伽師地論》卷三五比丘明照題記）。[8] 北敦 2298 號卷四一末尾的「戊寅年正月廿二日」，《國圖》敘錄定為八五八年（大中十二年），這無疑是正確的。北敦 2072 號卷三三末尾的「八月卅日」，顯然應是其前的大中十一年；該號卷三四、卷三五的抄畢時間，可以根據上揭比丘張明照題記比定為大中十一年九月七日、十月十日；其後的卷三六至四十，其講解時間則應在大中十一年十月十日以後至十二月底之間。據此，我們可以把上揭三號各卷的寫畢時間框定在大中十一年八月卅日至大中十二年正月廿二日之間。[9]《國圖》敘錄把北敦 2072 號卷三三至三七定為八至九世紀吐蕃統治時期寫本；北敦 1857 號卷三七定為九世紀歸義軍時期寫本，卷三八至卷三九定為八至九世紀吐蕃統治時期寫本；北敦 2298 號卷三九、卷四十定為九世紀歸義軍時期寫本，卷四一定為八五八年歸義軍時期寫本，多有乖互錯亂，亟待統一改正。

　　又上揭三號各卷題名有「瑜伽論卷第卅三手記」、「瑜伽論卷第卅四手記」、「瑜伽論卷第卅五手記」、「瑜伽論卷第卅六初手記」、「瑜伽論卷第卅七手初記」、「瑜伽論卷第卅八初」、「瑜伽論卷第卅九初」、「瑜伽論第卅九卷手記」、「瑜伽論卷第卌手初」、「瑜伽論第卌卷手

8　參看榮新江、余欣《敦煌寫本辨偽示例——以法成講〈瑜伽師地論〉學生筆記為中心》，《辨偽與存真——敦煌學論集》，第 91-101 頁；〔日〕上山大俊《敦煌仏教の研究》，京都：法藏館，1990 年，第 219-240 頁。

9　參看上山大俊《敦煌仏教の研究》，第 220 頁。

記」、「瑜伽論卷手記第卌一初」、「瑜伽論第卌一卷手記」等不同。所謂「手記」近似於「筆記」；「初」應是指該卷之初始，而與書名無關。「手記」的卷數與《瑜伽師地論》原文的卷數是一致的。《國圖》把北敦 2072 號、北敦 2298 號各卷定名為「瑜伽師地論手記」是正確的，而把北敦 1857 號各卷定名為「瑜伽師地論分門記」，則是不妥的。

　　上面我們通過內容、裂痕、行款、書風等方面的比較分析，把 26 號《瑜伽師地論》及《瑜伽師地論手記》殘卷或殘片綴合為十一組。這些殘卷或殘片的綴合，使原來失散的「骨肉」回到了娘家，也有助於我們對相關寫卷的性質作出更為客觀準確的判斷。如《國圖》敘錄稱北敦 1324 號為七至八世紀唐寫本，北敦 9665 號為九至十世紀歸義軍時期寫本，然而根據上文第一組的綴合結果，此二號乃同一寫卷之撕裂，可以完全綴合，則《國圖》敘錄對寫卷的斷代顯然有誤。又如《國圖》敘錄稱北敦 2149 號為八至九世紀吐蕃統治時期寫本，北敦 9596 號為九至十世紀歸義軍時期寫本；《浙藏敦煌文獻》敘錄稱浙敦 170 號、171 號為唐寫本；然而根據上文第四組的綴合結果，上揭四號應出於同一人之手，可直接或間接綴合，則各家關於各號抄寫時間的判斷有必要再作斟酌。又如上文第十一組指出北敦 2072 號、北敦 1857 號、北敦 2298 號均是比丘洪真聽法成講《瑜伽師地論》做的筆記，內容前後相承，可以綴合，綴合後可定名為《瑜伽師地論手記》卷三三至四一，其抄寫時間可框定在大中十一年八月卅日至大中十二年正月廿二日之間，從而糾正了《國圖》敘錄對各卷定名和斷代的諸多疏失。如此等等，做好散失在中、英、法、俄等世界各地的敦煌殘卷碎片的彙集綴合，對敦煌文獻進一步整理研究具有重要意義。

參考文獻

日本大藏經刊行會編輯《大正新修大藏經》（簡稱《大正藏》），臺北：新文豐出版公司，1994-1996 年影印本。

陳垣《敦煌劫餘錄》，《敦煌叢刊初集》第 3-4 冊，臺北：新文豐出版公司，1985 年。

王重民等編《敦煌遺書總目索引》，北京：中華書局，1983 年。

張涌泉、張新朋《敦煌殘卷綴合研究》，《文史》2012 年第 3 輯，第 313-330 頁。

張涌泉、羅慕君《敦煌本〈八陽經〉殘卷綴合研究》，《中華文史論叢》2014 年第 2 期，第 239-278 頁。

〔日〕上山大俊《敦煌仏教の研究》，京都：法藏館，1990 年，第 219-240 頁。

榮新江、余欣《敦煌寫本辨偽示例——以法成講〈瑜伽師地論〉學生筆記為中心》，原載《敦煌學・日本學——石塚晴通教授退職紀念論文集》，上海：上海辭書出版社，2005 年，第 65-74 頁；後收入榮新江《辨偽與存真——敦煌學論集》，上海：上海古籍出版社，2010 年，第 91-101 頁。

（本篇與徐鍵合寫，原載《安徽大學學報》2015 年第 3 期）

肆

國圖藏《梵網經》敦煌殘卷綴合研究

　　二十世紀初，敦煌莫高窟藏經洞的發現，驚動了整個世界。很快，洞內所藏精品部分先後被斯坦因、伯希和等劫掠而去。後來京師圖書館（今中國國家圖書館的前身）所收藏的，已是英法探險家劫餘之物；而且即便這些「劫餘之物」，在押運北京的途中，押運者監守自盜，攫取菁華後又把部分寫本截為數段以充數，又人為導致了一些寫本的割裂。正由於這種種的原因，國家圖書館收藏的敦煌寫本，以殘卷斷片居多，其中頗有本為一卷而撕裂為數片乃至十數片者，從而給進一步的研究工作帶來了極大的困難。所以敦煌殘卷的綴合是敦煌文獻整理研究「成敗利鈍之所關」的基礎工作之一 [1]。本文擬以中國國家圖書館藏敦煌寫本中的《梵網經》殘卷為例，就敦煌殘卷綴合的緊迫性及其重要意義試作評述。

1　姜亮夫《敦煌學規劃私議》，《敦煌學論文集》，上海：上海古籍出版社，1987 年，第 1011 頁。

　　《梵網經》是佛教大乘戒律的經典著作，據說梵文原本有一二〇卷六十一品之多，但傳譯到中土並流行於世的，則僅有第十品，全稱《梵網經盧舍那佛說菩薩心地戒品第十》，上下二卷，題姚秦鳩摩羅什譯。根據我們的普查，在現已刊布的敦煌文獻中，共有《梵網經》寫卷 317 號，包括中國國家圖書館藏 156 號，俄羅斯科學院東方文獻研究所藏 102 號，英國國家圖書館藏 47 號，日本大阪武田科學振興財團杏雨書屋藏 6 號，北京大學圖書館藏 2 號，甘肅博物館藏 1 號，天津藝術博物館藏 1 號，天津文物公司藏 1 號，日本中村不折舊藏 1 號，其中以中國國家圖書館所藏數量最多。

　　不過中國國家圖書館所藏《梵網經》寫卷均為該經下卷，其中首尾完整者則僅 6 號，即北敦 108 號 2、271 號 2、1838 號 2、1972 號 2、2729 號、4661 號 2，其餘 150 號均為殘卷或殘片。通過對這些殘卷或殘片內容、行款、字體、書風等的比勘研究，我們發現其中的 42 號可以綴合成十五組，另有 4 號可分別與俄藏、杏雨書屋藏卷綴合。下面按各組殘卷所存經本文字的先後順序，試分別綴合如下。文中「北敦」指《國家圖書館藏敦煌遺書》（北京圖書館出版社 2005-2012 年出版，簡稱《國圖》）敦煌寫卷編號；「俄敦」指《俄藏敦煌文獻》（上海古籍出版社 1992-2001 年出版，簡稱《俄藏》）敦煌寫卷編號；「羽」指《敦煌秘笈》（日本大阪武田科學振興財團 2009 年起陸續出版，簡稱《秘笈》）所收敦煌寫卷羽田亨編號。錄文時原卷缺字用□表示，殘缺不全或模糊難辨者用▨表示。為凸顯綴合效果，綴合圖中二卷銜接處必要時添加虛線示意。

一、北敦 9166 號…俄敦 6602 號 [2]

(1) 北敦 9166 號（陶 87）[3]，見《國圖》105／112A[4]。首全尾殘。存十八行，尾三行中上殘，末行僅存下端三字。行約十七字。楷書。有烏絲欄。首題「梵網經盧舍那佛説菩薩心地」。《國圖》改題「梵網經盧舍那佛説菩薩心地戒品第十卷下」。所存內容起首題，訖「□□□□□▨（方坐金剛千光）王坐」。相應文字參見《大正藏》T24／1003B6-1003B27。《國圖》敘錄稱該經抄寫於九至十世紀，為歸義軍時期寫本。

(2) 俄敦 6602 號，見《俄藏》13／150B-151A。殘片，存二十五行，通卷破損嚴重。行約十七字。楷書。有烏絲欄。《俄藏》未定名。

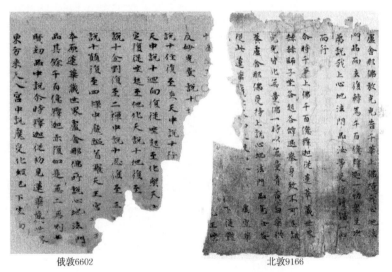

俄敦6602　　　　　　　　　　　　　　　北敦9166

▲ 圖 1　北敦 9166（局部）…俄敦 6602（局部）綴合圖

2　號與號之間用「…」號連接的，表示此二號應為一卷之撕裂，但不能直接綴合其間有殘缺；用「＋」號連接的表示此二號可以直接綴合。

3　括注的「調」是指中國國家圖書館藏敦煌寫卷原千字文編號。下仿此。

4　斜槓「／」前的數字為冊數，其後的數字為頁數及欄數（引用《大正藏》欄數後另標出行數）。下仿此。

按：俄敦 6602 號亦為《梵網經》卷下殘片，且可與北敦 9166 號綴合。如圖 1 所示，綴合後二號內容左右相接，比勘完整文本，北敦 9166 號倒數第二行行末「從體」二字與俄敦 6602 號首行行端「性虛空華」四殘字可相連為「從體性虛空華□□□□（光三昧出）」句，北敦 9166 號末行行末「▨（光）王坐」三字與俄敦 6602 號第二行行首「及妙光堂說十▨（世）」諸字可相連為「方坐金剛千光王坐，及妙光堂說十世界海」句，但二者中間仍缺部分文字，不能直接綴合。又此二號行款格式相同（天頭等高、有烏絲欄、行距相等、行約十七字、字體大小相近、字間距相近），書風相似（字體方正、筆墨濃重），筆跡似同（比較表 1 例字），其為同一寫卷之撕裂可以無疑。二號綴合後，所存內容起首題，至「是情、是心，皆入佛性戒▨（中）」止，相應文字參見《大正藏》T24／1003B6-1003C24。

卷號 ＼ 例字	那	佛	蓮	華	釋	說	坐	起
北敦9166號	那	佛	蓮	華	釋	說	坐	起
俄敦 6602 號	那	佛	蓮	華	釋	說	坐	起

▲ 表 1　北敦 9166 號與俄敦 6602 號用字比較表

二、北敦 3410 號 2＋北敦 3408 號＋北敦 11127 號

(1) 北敦 3410 號 2（北 6696；露 10）[5]，見《國圖》47／71A-72A。前為《梵網經盧舍那佛說菩薩心地戒品第十序》，次抄本經，首全尾

5　括注的「北」是指中國國家圖書館藏敦煌寫卷縮微膠卷及《敦煌寶藏》編號。下仿此。

殘。存五十九行，末行僅存上端二字。行十七字左右。通卷破碎嚴重。楷書。原卷缺題，《國圖》擬題「梵網經盧舍那佛說菩薩心地戒品第十卷下」。起「尒時盧舍那佛」，訖「見言不見」句前三字。相應文字參見《大正藏》T24／1003B10-1004C5。《國圖》敘錄稱該經抄寫於七至八世紀，為唐寫本。

(2) 北敦 3408 號（北6714；露8），見《國圖》47／58B-65A。首尾均殘。存十二紙，二八一行，首行上端缺二字，倒二行僅存頂端一殘筆（該行原卷大約僅行端抄四字）末行僅存下部五字。行約十七字。通卷殘泐嚴重。楷書。原卷缺題，《國圖》擬題「梵網經盧舍那佛說菩薩心地戒品第十卷下」。起「▨（見）身心妄語」，訖「▨（立）僧房山林」。相應文字參見《大正藏》T24／1004C5-1008B9。《國圖》敘錄稱該經抄寫於九至十世紀，為歸義軍時期寫本。

(3) 北敦 11127 號（L1256）[6]，見《國圖》109／30A。殘片，存八殘行，上部皆殘缺，首行僅存三字的左側殘筆，次行所存部分空白，末行僅存三字。楷書。原卷缺題，《國圖》擬題「菩薩戒本疏卷下」，敘錄稱相應文字見《大正藏》T40／684B1-684B6，並稱該經抄寫於九至十世紀為歸義軍時期寫本。

按：後一殘片如圖 2-2 左側所示，就所存可以辨認的文字而言，確實與《大正藏》第四十冊《菩薩戒本疏》卷下疏文完全相同。據《菩薩戒本疏》完整文本，上揭殘片後六行可復原如下（加下劃線的為擬補文字）：

若佛子常應教化一切眾生建立僧房山林

園田立作佛塔冬夏安居坐禪處所一切行道

6　括注的「L」是指中國國家圖書館藏敦煌寫卷臨編號。下仿此。

處皆應立之而菩薩應為一切眾生講說大乘

經律若疾病國難賊難父母兄弟和上阿闍

梨亡滅之日及三七日四五七日乃至七七日亦

應讀誦講說大乘經律⬚ 7（後缺）

　　既然殘文與《菩薩戒本疏》字句全同，則《國圖》的擬題似乎可以成立。其實不然。殘片末行「律」下殘字作「▨」形，而《菩薩戒本疏》「律」後作「一切齋會求福行來治生」，殘字顯非「一」字。竊謂此字乃「齋」字之殘 8，殘文也非《菩薩戒本疏》，而是《梵網經》。上揭殘片所存文句，亦見於《大正藏》本《梵網經》，《大正藏》本《梵網經》「律」後作「齋會求福行來治生」，前一字正與上揭殘字字形相合。唯殘片第七行「三七日」後「四五七日」四字《大正藏》本《梵網經》未見（《國圖》編者蓋據此判斷殘片非《梵網經》），但查敦煌本北敦 271 號 2、1838 號 2、3895 號 5872 號、6362 號 1、14624 號《梵網經》經文，則均有「四五七日」四字，與上揭殘片全同。更有力的證據是北敦 11127 號可與北敦 3410 號 2、北敦 3408 號綴合。此三號內容先後相承，斷痕吻合無間。如圖 2-1 所示，北敦 3410 號 2 與北敦 3408 號前後綴合，銜接處分屬兩片的「見」字得以補全；又如圖 2-2 所示，北敦 3408 號與北敦 11127 號前後綴合，銜接處分屬兩片的「後坐」二字亦得復合為一。又此三號行款格式相同（皆破碎嚴重，行距相等，

7　比勘上一行，此行「經律」上約可抄六字，此七字，查北敦 271 號 2、1838 號 2、3895 號、5872 號、6362 號 1、14624 號《梵網經》經文無「讀誦」二字，似較佳。

8　北敦 3408 號《梵網經》卷下：『於六齋日、年三長齋月作煞生劫盜破齋犯戒者，犯輕垢罪。』掃瞄字皆為「齋」字，可參。

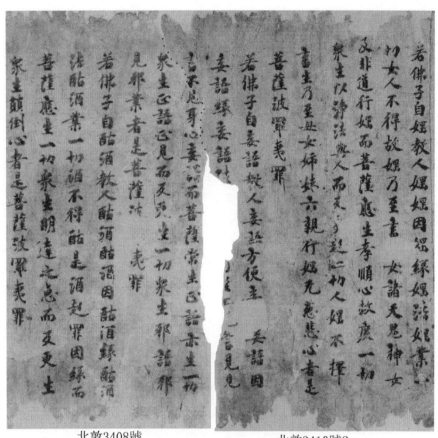

北敦3408號　　　　　　　　北敦3410號2

▲ 圖 2-1　北敦 3410 號 2（局部）＋北敦 3408（局部）綴合圖

足行行約十七字，字體大小相近，字間距相近）[9]，書風相似（皆為楷書，筆墨濃厚、字體較小），筆跡似同（比較三者皆有的「一切」「菩

9　《國圖》敘錄稱北敦 11127 號有烏絲欄，但北敦 3410 號 2、北敦 3408 號二號敘錄又未提有烏絲欄，從影印圖版看，除北敦 3410 號 2 前八行確有烏絲欄外（該八行與其前的北敦 3410 號 1《梵網經盧舍那佛説菩薩心地戒品第十序》出於同一抄手，與北敦 3410 號 2 後面部分抄手不同，二者係古代修復殘破經卷時拼接為一，中間仍有一段缺文，不能完全銜接），其餘部分均未見界欄之跡，可疑。

薩」諸字），其為同一寫卷之撕裂無疑。後二片綴合後，北敦 11127 號的前二行可復原如下（加下劃線的為擬補文字）：

（我佛法）中先者先坐後者後坐而菩薩不次第坐者

犯輕垢罪

正與《大正藏》本《梵網經》文句全同。而《菩薩戒本疏》相應位置卻沒有上述文字。故北敦 11127 號應與北敦 3410 號 2、北敦 3408 號綴合後一併擬題作「梵網經盧舍那佛說菩薩心地戒品第十卷下」，所存文字起「尒時盧舍那佛」，訖「齋會求福行來治生」句首字上端殘筆。相應文字參見《大正藏》T24／1003B10-1008B13。《國圖》敘錄以北敦 11127 號為《菩薩戒本疏》，非是。《國圖》敘錄又稱北敦 3410 號 2 為

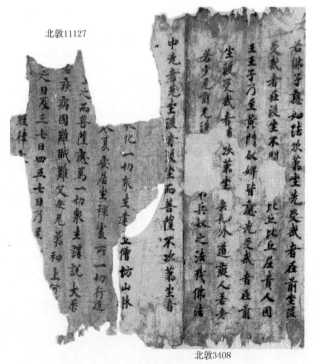

▲ 圖 2-2　北敦 3408（局部）＋北敦 11127 綴合圖

七至八世紀唐寫本，北敦 3408 號、北敦 11127 號為九至十世紀歸義軍時期寫本，今既知三號可綴合為一，則其判斷顯然有誤。

三、北敦 7421 號＋北敦 9169 號 2

(1) 北敦 7421 號（北 6706；官 21），見《國圖》97／27A-27B。首尾均殘。存二十五行，首行僅存頂端一字左側殘畫；末行存上部約十二字右側殘畫，倒二行下部殘泐。長行行約十七字，偈頌行二十字。楷書。有烏絲欄。原卷缺題，《國圖》擬題「梵網經盧舍那佛説菩薩心地戒品第十卷下」。起「心地法門品」，訖「千百億釋迦」句「億釋」二字右側殘筆。相應文字參見《大正藏》T24／1003C5-1004A4。《國圖》敘錄稱該經抄寫於七至八世紀，為唐寫本。

(2) 北敦 9169 號 2（陶 90），見《國圖》105／115A。首尾均殘。存十八行，首三行下殘，首行存上部十四殘字（唯「千百」二字完整，其餘十二字僅存左側殘畫）；尾五行下殘，末行存上端五字左側殘畫。長行行十七字，偈頌行二十字。楷書。有烏絲欄。原卷缺題，《國圖》擬題「梵網經盧舍那佛説菩薩心地戒品第十卷下」。起「如是千百億」五字左側，訖「十發趣，十長養，十金剛」中五字右側殘畫。相應文字參見《大正藏》T24／1004A4-1004B1。《國圖》敘錄稱該經抄寫於七至八世紀，為唐寫本。

按：上揭二號可以綴合。綴合後如圖 3 所示，二號內容前後相承，斷痕吻合無間，原本分屬二號的殘字左右相接，銜接處分屬二片的「如是千百億，盧舍那本身」「億釋」十二字皆可成完璧。又二號行款格式相同（長行行約十七字、偈頌行二十字、有烏絲欄、行距相等、字體大小相近、字間距相近），書風相似（字體方正、捺筆較長），筆跡似同（比較二號皆有的「菩薩」「是」「誦」「戒」等字），據此判斷，此二號確為同一寫卷之撕裂，可以綴合為一。

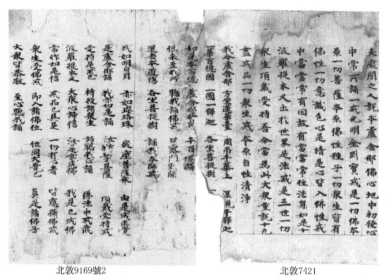

北敦9169號2　　　　　　　　　　　北敦7421

▲ 圖3　北敦 7421（局部）＋北敦 9169 號 2（局部）綴合圖

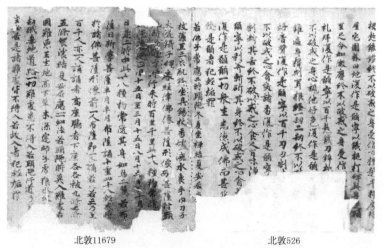

北敦11679　　　　　　　　　　　北敦526

▲ 圖4　北敦 526（局部）＋北敦 11679（局部）綴合圖

四、北敦 526 號＋北敦 11679 號

(1) 北敦 526 號（北 6703；荒 26），見《國圖》8／95A-100B。首尾皆殘。存十一紙二五二行。首九行殘損嚴重；尾十四行下殘，末行僅存頂部一字殘畫。行二十一字左右。楷書。有硃筆校改。原卷缺題，《國圖》擬題「梵網經盧舍那佛説菩薩心地戒品第十卷上」。起「誦我本師戒」句「誦」字左側言旁，訖「而菩薩行頭陁時」句「陁」字右上角殘筆。相應文字參見《大正藏》T24／1004A11-1008A16。《國圖》敘錄稱該經抄寫於九至十世紀，為歸義軍時期寫本。

(2) 北敦 11679 號（L1808），見《國圖》110／16B。殘片。存二十六行，首四行上殘；尾八行中間斷裂，下端殘泐。行二十一字左右。楷書。有硃筆校改。原卷缺題，《國圖》擬題「梵網經盧舍那佛説菩薩心地戒品第十卷下」。起「坐具、錫杖、香爐、漉水囊」，訖「□□□□□（皆應讀誦講）▨（説）此經▨（律）」。相應文字參見《大正藏》T24／1008A14-1008B18。《國圖》敘錄稱該經抄寫於九至十世紀，為歸義軍時期寫本。

按：上揭二號內容前後相承斷痕吻合無間當可綴合。如圖4 所示，北敦 526 號末二行與北敦 11679 號首二行上下相接，前者該二行行末「鉢」「床」二字底部少許筆畫在後者該二行行首，二者綴合後二字可成完璧。又二號行款格式相同（行約二十一字、行距相等、字體大小相近、字間距相近、皆有硃筆校改），書風相似（字體纖細、筆墨模糊、字距較小），筆跡似同（比較二號皆有的「犯輕垢罪」「若」「佛」「是」等字），亦可資佐證。

今既知上揭二號可綴合為一，據其內容，可斷定為《梵網經》卷下經文。而《國圖》把北敦 526 號擬題為「梵網經盧舍那佛説菩薩心地戒品第十卷上」，不確，應一併題作「梵網經盧舍那佛説菩薩心地戒品

第十卷下」。

五、北敦 4351 號＋北敦 11213 號

(1) 北敦 4351 號（北 6711；出 51），見《國圖》58／319B-320A。首尾均殘。存五紙二十九行。前五行、後二行破損嚴重，末行僅存行末二字右側殘畫，倒二行中部和上端殘泐。行約十七字。楷書。有烏絲欄。原卷缺題，《國圖》擬題「梵網經盧舍那佛説菩薩心地戒品第十卷下」。起「方便救護」四字左側殘畫，訖「而菩薩應代一切眾生」句「切眾」二字右側殘畫。相應文字參見《大正藏》T24／1004B19-1004C20。《國圖》敘錄稱該經抄寫於七至八世紀，為唐寫本。

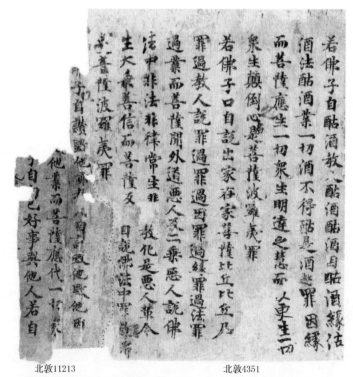

北敦11213　　　　　　　　　　　　　北敦4351

▲ 圖 5　北敦 4351（局部）＋北敦 11213（局部）綴合圖

（2）北敦 11213 號（L1342），見《國圖》109／79B。殘片。首尾均殘，存下部四殘行，行二至十一字不等。末行僅存二字右側殘畫。楷書。有烏絲欄。原卷缺題，《國圖》擬題「菩薩戒本疏卷上」，敘錄稱相應文字見《大正藏》T40／666C5-666C7；該經抄寫於七至八世紀，為唐寫本。

按：後一殘片如圖 5 左側所示，所存文字確與《大正藏》第四十冊《菩薩戒本疏》卷下疏文全同。但檢索 CBETA 電子佛典集成，完全相同的文字又見於《大正藏》第二十四冊《梵網經》卷下，後一號正是《梵網經》卷下殘片。上揭二號內容前後相承，應可綴合。綴合後如圖 5 所示，原本分屬二號的「自讚毀他，亦教人自讚毀他」句「他」「亦」二字、「而菩薩應代一切眾生」句「切眾」二字皆得成完璧，接合凹凸處亦密合無間。又二號行款格式相同（行約十七字、行距相等、字體大小相近、字間距相近、有烏絲欄），書風相似（皆為楷書、字體端正、筆畫濃厚、筆墨均勻），筆跡似同（比較二號皆有的「菩薩」「一切」「若」「人」「自」等字），可見此二號確為同一寫卷之撕裂，可以綴合為一。綴合後所存文字起「方便救護」四字左側殘畫，訖「▨□□▨□□（令他人受毀者）」，與《大正藏》T24／1004B19-1004C22《梵網經》卷下文句略同，而與《菩薩戒本疏》卷下則差異甚大，《國圖》北敦 11213 號的擬題顯然不妥。故此二號綴合後應一併擬題作「梵網經盧舍那佛說菩薩心地戒品第十卷下」。

六、北敦 2869＋北敦 2861＋北敦 3250＋北敦 3232＋北敦 3229 號＋北敦 2822 號＋北敦 2925 號＋北敦 2923 號…北敦 3097 號＋北敦 2890 號＋北敦 2878 號 1

（1）北敦 2869 號（北 6713；調 69），見《國圖》38／419A-419B。首尾均殘。存三十三行。首四行下殘，各存九至十字；倒數第二行諸

字左側筆畫殘缺，末行僅存下部二字的殘筆。行十七字左右。楷書。有烏絲欄。原卷缺題，《國圖》擬題「梵網經盧舍那佛說菩薩心地戒品第十卷下」。起「妄語緣妄語法妄語▨（業）」，訖「是菩薩波羅夷罪」句首二字殘筆。相應文字參見《大正藏》T24／1004C4-1005A15。《國圖》敘錄稱該經抄寫於七至八世紀，為唐寫本，尾部可與北敦 2861 號綴合。

(2) 北敦 2861 號（北 6723；調 61），見《國圖》38／371B-372A。首尾均殘。存二十六行。首行存上部十三字的左側殘筆，次行下殘，尾行存上部七字右側殘筆。行十七字左右。楷書。有烏絲欄。原卷缺題，《國圖》擬題「梵網經盧舍那佛說菩薩心地戒品第十卷下」。起「音聲，如三百鉾刺心」諸字左側殘筆，訖「飲酒者，犯輕垢罪」諸字右側殘畫。相應文字參見《大正藏》T24／1005A13-1005B9。《國圖》敘錄稱該經抄寫於七至八世紀，為唐寫本，首部可與北敦 2869 號綴合。

(3) 北敦 3250 號（北 6725；致 50），見《國圖》44／248A。首尾均殘。存二十六行。首行存上部七字的左側殘筆，倒二行除末三字完整外餘多僅存右部殘筆，尾行存末字右部殘筆。行十七字左右。楷書。有烏絲欄。原卷缺題，《國圖》擬題「梵網經盧舍那佛說菩薩心地戒品第十卷下」。起「飲酒者犯輕垢罪」諸字左半，訖「一切禁戒邪見經律」句末二字右側殘畫。相應文字參見《大正藏》T24／1005B9-1005C7。《國圖》敘錄稱該經抄寫於七至八世紀，為唐寫本，尾部可與北敦 3232 號綴合。

(4) 北敦 3232 號（北 6731；致 32），見《國圖》44／185A-186A。首尾均殘。存五十行。首行行端缺一字，行末缺二字，其餘十四字右側多有殘缺；尾六行下部有殘泐。行十七字左右。楷書。有烏絲欄。原卷缺題，《國圖》擬題「梵網經盧舍那佛說菩薩心地戒品第十卷

下」。起「▨▨□（若佛子），心背大乘常住經律」，訖「□（解）其
義理佛▨（性）」。相應文字參見《大正藏》T12／1005C5-1006B2。《國
圖》敘錄稱該經抄寫於七至八世紀，為唐寫本，首部可與北敦 3250
號、尾部可與北敦 3229 號綴合。

(5) 北敦 3229 號（北 6737；致 29），見《國圖》44／80A-180B。首
尾均殘。存四十一行。行十七字左右。首六行中上殘，首行僅存「索」
字左側殘筆；尾二行下殘，存十到十四字。楷書。有烏絲欄。原卷缺
題，《國圖》擬題「梵網經盧舍那佛説菩薩心地戒品第十卷下」。起「□
（乞）索，□□（打拍），□□（牽挽）」，訖「二七三七日乃至一年，
要□□□（得好相）」。相應文字參見《大正藏》T24／1006A26-
1006C8。《國圖》敘錄稱該經抄寫於七至八世紀，為唐寫本首部可與北
敦 3232 號綴合。

(6) 北敦 2822 號（北 6740；調 22），見《國圖》38／167A-168A。
首尾均殘。存五十九行。首行僅存下部一字的左側「女」旁，次行存行
末六字，尾行存中部七八字右側殘筆。行十七字左右。楷書。有烏絲
欄。原卷缺題，《國圖》擬題「梵網經盧舍那佛説菩薩心地戒品第十卷
下」。起「□□□（要得好）相」，訖「若故養者，犯輕垢罪」諸字右
側殘筆。相應文字參見《大正藏》T24／1006C8-1007B13。《國圖》敘
錄稱該經抄寫於七至八世紀，為唐寫本，尾部可與北敦 2925 號綴合。

(7) 北敦 2925 號（北 6752；陽 25），見《國圖》39／274A-275A。
首尾均殘。存五十六行。首行底端略有殘泐（殘破處無文字）；尾三行
中上殘，末行僅存底端四殘字。行十七字左右。楷書。有烏絲欄。原卷
缺題，《國圖》擬題「梵網經盧舍那佛説菩薩心地戒品第十卷下」。起
「□□（長養）貓狸豬狗」，訖「時於諸佛菩薩形像前」句「諸佛菩薩」
四字右側殘畫。相應文字參見《大正藏》T24／1007B13-1008A21。《國

圖》敘錄稱該經抄寫於七至八世紀，為唐寫本，首部可與北敦 2822 號、尾部可與北敦 2923 號綴合。

（8）北敦 2923 號（北 6762；陽 23），見《國圖》39／269A-269B。首殘尾缺。存三十一行。首三行中下殘，存三到十四字不等。行十七字。楷書。有烏絲欄。原卷缺題，《國圖》擬題「梵網經盧舍那佛說菩薩心地戒品第十卷下」。起「是二時⊘□□□□□（中此十八種物）」，訖「《梵壇品》中廣說」。相應文字參見《大正藏》T24／1008A19-1008B20。《國圖》敘錄稱該經抄寫於七至八世紀，為唐寫本，尾部可與北敦 3097 號綴合。

（9）北敦 3097 號（北 6765；雲 97），見《國圖》42／143A-143B。首尾皆缺。存二十八行。行十七字左右。楷書。有烏絲欄。原卷缺題，《國圖》擬題「梵網經盧舍那佛說菩薩心地戒品第十卷下」。起「佛言佛子」，訖「若不解大乘經□（律）」。相應文字參見《大正藏》T24／1008B21-1008C21。《國圖》敘錄稱該經抄寫於七至八世紀，為唐寫本，首部可與北敦 2923 號、尾部可與北敦 2890 號綴合。

（10）北敦 2890 號（北 6768；調 90），見《國圖》39／62A-63B。首缺尾殘。存七十五行。末二行上中殘。行十七字左右。楷書。有烏絲欄。原卷缺題，《國圖》擬題「梵網經盧舍那佛說菩薩心地戒品第十卷下」。起「若不解大乘經律」之「律」字，訖「⊘⊘⊘⊘（千百億世）界」。相應文字參見《大正藏》T24／1008C21-1009C14。《國圖》敘錄稱該經抄寫於七至八世紀，為唐寫本，首部可與北敦 3097 號、尾部可與北敦 2878 號綴合。

（11）北敦 2878 號（北 6773；調 78），見《國圖》39／21A-22A。首殘尾全。存四十六行。楷書。有烏絲欄。行十四到二十字（每行字數散文與偈頌有別）。首行存上端五字左側殘筆，次行下部存左側殘字。

尾題「梵網經卷下」。其中第二十二行「第一維衛佛説教戒」以下至尾題前文字傳本《梵網經》未見，《國圖》認為是《梵網經盧舍那佛説菩薩心地戒品第十》卷下的附錄，另擬題「七佛説戒偈」。尾題後另有「凡人一日持齋有十種利益」五行文字，字體不同，應與本篇無關。《國圖》前二十一行文字題「梵網經盧舍那佛説菩薩心地戒品第十卷下」，起「下十住處説」五字左側殘筆，訖「疾得成佛道」。相應文字參見《大正藏》T24／1009C13-1010A21。《國圖》敘錄稱該經抄寫於七至八世紀，為唐寫本，首部可與北敦 2890 號綴合。

按：《國圖》敘錄已指出上揭寫卷可綴合成北敦 2869 號＋北敦 2861 號、北敦 3250 號＋北敦 3232 號＋北敦 3229 號、北敦 2822 號＋北敦 2925 號＋北敦 2923 號＋北敦 3097 號＋北敦 2890 號＋北敦 2878 號三組。今考上揭 11 號殘卷用紙（《國圖》敘錄稱皆「經黃打紙，研光上蠟」）、行款、書體、筆跡皆相同或相似，實皆同一寫卷之割裂，可以依次綴合為一。其中北敦 2861 號末行僅存上部七字右側殘畫，而北敦 3250 號首行存上部七字左側殘畫，二者綴合，可以拼合成基本完整的「飲酒者犯輕垢罪」七字。如圖 6-1 所示。

又北敦 3229 號倒數第二行第十二字僅存右部「子」，北敦 2822 號首行相應位置存一字的左側「女」旁，二者綴合，可以拼合成基本完整的「好」字；北敦 3229 號末行存上部「二七三七日乃至一年要」十字，北敦 2822 號次行存行末「相得好相已便」六字，二者綴合，可以拼合成近乎完整的一行文字：「二七三七日乃至一年，要□□（得好）相，得好相已，便」，內容先後衛接。綴合後如圖 6-2 所示。

又《國圖》敘錄已指出北敦 3097 號和北敦 2923 號可以綴合。該二號確為同一寫卷之撕裂，但二者並不能直接綴合，中間缺失約九行。綴合示意圖如圖 6-3 所示。

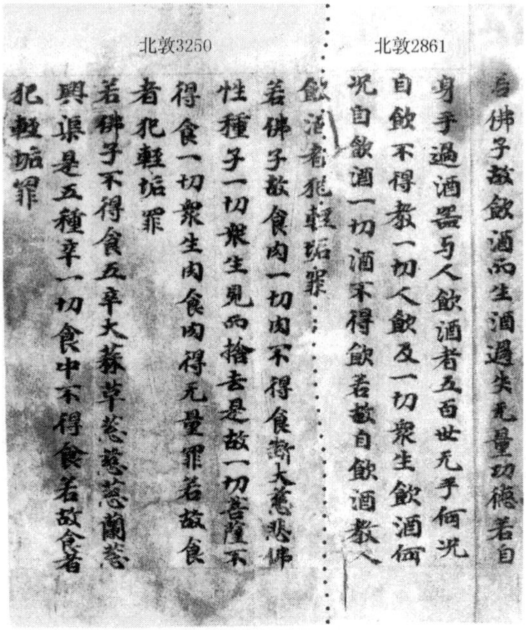

北敦3250　　北敦2861

▲ 圖6-1　北敦2861（局部）＋北敦3250（局部）綴合圖

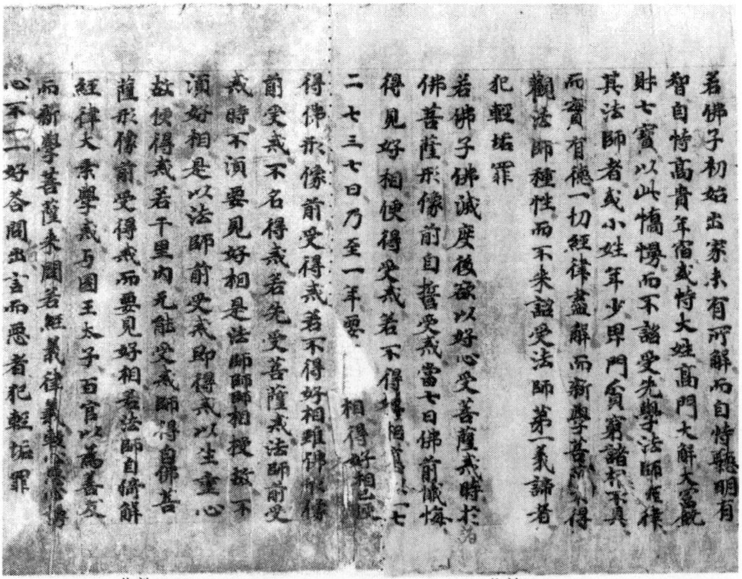

北敦2822　　北敦3229

▲ 圖6-2　北敦3229（局部）＋北敦2822（局部）綴合圖

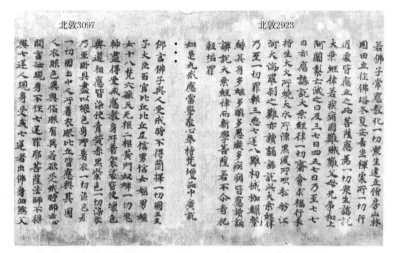

▲ 圖 6-3　北敦 2923（局部）⋯北敦 3097（局部）綴合示意圖

七、北敦 6527 號＋北敦 6362 號 1

(1) 北敦 6527 號（北 6717；淡 27），見《國圖》89／48A-49B。首尾均殘。存四紙七十八行。首行僅存上部二字的左側殘筆，末行存頂端三字右側殘畫。行十七字左右。行間有校加字。楷書。原卷缺題，《國圖》擬題「梵網經盧舍那佛説菩薩心地戒品第十卷下」。可辨認文字起「若佛子，口自説出家、在家▨口（菩薩）」，訖「若父母師僧弟子病」句。相應文字參見《大正藏》T24／1004C13-1005C10。《國圖》敘錄稱該經抄寫於九至十世紀，為歸義軍時期寫本。

(2) 北敦 6362 號 1（北 6732；鹹 62），見《國圖》85／214A-221B。首殘尾全。存十二紙三〇六行。首行上端「諸根不」三字右側稍有殘泐。行十七字左右。楷書。尾題「梵網經盧舍那佛説菩薩十重四十八輕戒」。《國圖》擬題「梵網經盧舍那佛説菩薩心地戒品第十卷下」。起「▨▨▨（諸根不）具」，止於尾題。相應文字參見《大正藏》T24／

1005C10-1009C8。《國圖》敘錄稱該經抄寫於九至十世紀，為歸義軍時期寫本。

　　按：上揭二號內容前後相承，可以綴合。如圖7所示，二號綴合後，斷痕吻合無間，北敦6362號首行上端「諸根不」三字右側殘泐的筆畫在北敦6527號，二號拼合，此三字得成完璧。又此二號行款格式相同（行距相等、行十七字左右、字體大小相近、行間有校加字），書風相似（字體方正、筆墨濃厚），筆跡似同（比較二號共有的「垢」「犯」「佛」「罪」「戒」「是」等字），可見確為同一寫卷之撕裂，可以綴合為一。

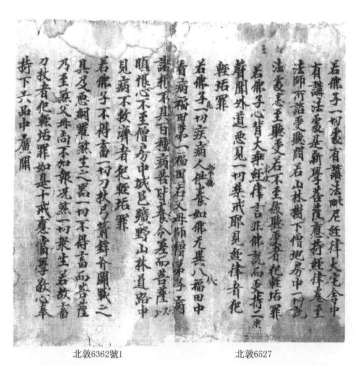

北敦6362號1　　　　　　北敦6527

▲ 圖7　北敦6527（局部）＋北敦6362號1（局部）綴合圖

八、北敦 11347 號＋俄敦 4561 號＋俄敦 4781 號＋俄敦 4550 號＋俄敦 4546 號＋俄敦 11664 號

(1) 北敦 11347 號（L1476），見《國圖》109／151B。殘片。存二十三行。尾六行下部各殘一到四字不等，末行存上部十三字右側殘畫。行約十七字。楷書。有烏絲欄。原卷缺題，《國圖》擬題「梵網經盧舍那佛說菩薩心地戒品第十卷下」。起「□（毀）他緣」，訖「若有犯者不得現身發菩提心亦」十三字右側殘畫。《國圖》敘錄稱該經抄寫於七至八世紀，為唐寫本。

(2) 俄敦 4561 號，見《俄藏》11／270A。如圖 8 中上部所示，殘片，存六殘行，每行存上部約十四字（首行僅存左側殘畫）。楷書。有烏絲欄。《俄藏》未定名。

(3) 俄敦 4781 號，見《俄藏》11／320A。如圖 8 中下部所示，殘片，存六殘行，每行存下部約三字。楷書。有烏絲欄。《俄藏》未定名。

(4) 俄敦 4550 號，見《俄藏》11／266B。殘片，存五行，末行後五字左側略有殘泐。行十七到十八字。楷書。有烏絲欄。《俄藏》未定名。

(5) 俄敦 4546 號，見《俄藏》11／265B。殘片，存三行，末行左側筆畫稍有殘泐。行十七字。楷書。有烏絲欄。《俄藏》未定名。

(6) 俄敦 11664 號，見《俄藏》15／301A。殘片。存二十一行。首行僅存左側殘畫；後六行上部或中部有殘缺。行十七到十八字。楷書。有烏絲欄。《俄藏》未定名。

按：後五號《俄藏》皆未定名，實皆為《梵網經》卷下殘片且上揭六殘片內容前後銜接，可以綴合，如圖 8 所示，俄敦 4561 號所存的六行上部大半行可與俄敦 4781 號所存的六行下部小半行綴合，二號綴

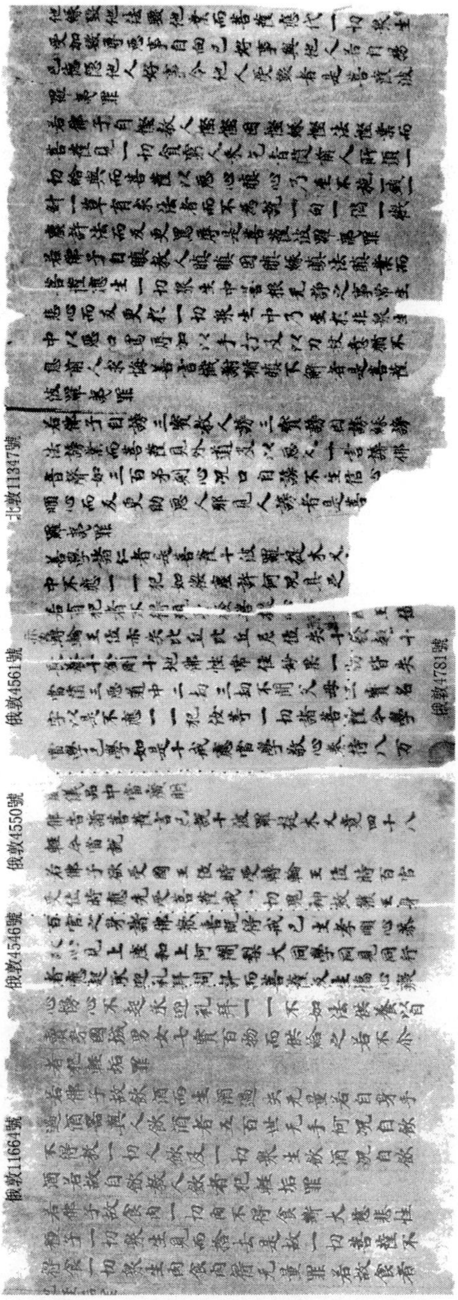

▲ 圖 8　北敦 11347＋俄敦 4561＋俄敦 4781＋俄敦 4550＋俄敦 4546＋俄敦 10664（局部）綴合圖

合後後五行完整無缺（俄敦 4561 號末行「奉」最後的豎畫末端在俄敦 4781 號，俄敦 4781 號二至五行上部「發」「切」「二」「薩」四字頂端少許筆畫在俄敦 4781 號，二號綴合後正好密合無間）。

又北敦 11347 號可與俄敦 4561 號＋俄敦 4781 號綴合，北敦 11347 號末行所存右側殘畫與俄敦 4561 號首行所存左側殘畫拼合後「若有犯者，不得現☒（身）發菩提心☒（亦）」十三個字大體完整。

又俄敦 4561 號＋俄敦 4781 號後部可與俄敦 4550 號綴合，前者末「八萬」二字與後者首行「☒（威）儀品中當廣明」相連為「八萬☒（威）儀品中當廣明」一句。

又俄敦 4550 號後部可與俄敦 4546 號綴合，後者首行第三字「之」捺筆的鋒尖撕裂在前者，前者末行最後「神救護王身」五字左側少許殘泐的筆畫撕裂在後者，二者綴合後則契合無間。

又俄敦 4546 號後部可與俄敦 11664 號綴合，前者末行左側有少許殘泐，而後者首行僅存左側殘畫正是前者殘泐的部分，二者拼合則該行文字完整無缺。

上揭六號行款格式相同（有烏絲欄、行距相等、行約十七字、字體大小相近）、書風相似（皆為楷書、字體俊朗、筆畫有力、筆墨勻厚）、筆跡似同（比較各殘片俱存的「若」「是」「佛」「子」等字），據此判斷確為同一寫卷之撕裂，可以綴合。六片綴合後可一併擬題作「梵網經盧舍那佛說菩薩心地戒品第十卷下」，所存經文始「□（毀）他緣，毀他法」，訖「□□□□□（若百里千里）來者，即起」，相應文字參見《大正藏》T24／1004C20-1005B23。

九、北敦 1028 號＋北敦 1025 號

(1) 北敦 1028 號（北 6721；辰 28），見《國圖》15／158A-159A。首尾均缺。存四紙五十三行，另五十三行之後一行隱約可見若干右側

殘筆。行十七字左右。通卷破碎嚴重。行間有校加字。楷書。後三紙有烏絲欄。背有古代裱補。原卷缺題，《國圖》擬題「梵網經盧舍那佛說菩薩心地戒品第十卷下」。起「善學之人者」，訖「弓箭、鉾斧、鬭戰」。相應文字參見《大正藏》T24／1005A16-1005C14。《國圖》敘錄稱該經抄寫於八世紀，為唐寫本，其中第一紙為歸義軍時期補接。

(2) 北敦 1025 號（北 6733；辰 25），見《國圖》15／147A-153B。首缺尾殘。存十二紙三一五行，其中首行右側有少許筆畫殘泐。行十七字左右。行間有刪字符和校加字。楷書。有烏絲欄。背有古代裱補。原卷缺題，《國圖》擬題「梵網經盧舍那佛說菩薩心地戒品第十卷下」。起「不得畜一切刀杖弓箭鉾斧鬭戰之具」句末二字，訖「心心頂戴，喜躍受持」。相應文字參見《大正藏》T24／1005C15-1009C8。《國圖》敘錄稱該經抄寫於八世紀，為唐寫本。

按：上揭二號內容前後相承，可以綴合。如圖 9 所示，北敦 1028 號末行與北敦 1025 號首行先後銜接；且後者首行下部右側少許殘泐的筆畫正在前者末尾，二者拼接，則吻合無間。又此二號行款格式相同（天頭地腳等高、有烏絲欄、行十七字左右、行距相等、字體大小相近、字間距相近、行間有校加字、卷背皆有古代裱補），書風相似（字體方正、筆墨濃重），筆跡似同（比較兩件皆有的「若」「佛」「犯」「罪」「戒」「是」等字），顯為同一寫卷之撕裂。

十、北敦 3153 號＋北敦 2852 號 1

(1) 北敦 3153 號（北 6727；騰 53），見《國圖》43／149B-153A。首殘尾缺。存六紙一五九行，首七行中下殘。行十七字左右。楷書。有烏絲欄。原卷缺題，《國圖》擬題「梵網經盧舍那佛說菩薩心地戒品第十卷下」。起「神救□□□（護王身）」句，訖「《制戒品》中廣解」。相應文字參見《大正藏》T24／1005A29-1007B3。《國圖》敘錄稱該經

▲ 圖9　北敦1028（局部）＋北敦1025（局部）綴合圖

抄寫於九至十世紀，為歸義軍時期寫本。

（2）北敦2852號1（北6749；調52），見《國圖》38／322A-325B。
首缺尾全。存七紙一八〇行。行十七字左右。尾題「梵網經盧舍那佛
說菩薩十重四十八輕戒」。後接抄《菩薩安居及解夏自恣法》。楷書。
有烏絲欄。《國圖》擬題「梵網經盧舍那佛說菩薩心地戒品第十卷下」。
起「佛言：佛子，佛滅度後」，止於尾題。相應文字參見《大正藏》
T24／1007B4-1009C8。《國圖》敘錄稱該經抄寫於八至九世紀，為吐蕃
統治時期寫本。

　　按：上揭二號皆為《梵網經》下卷的內容，且內容先後相承，斷
痕吻合無間，可以綴合。如圖10所示，北敦2852號1首句「佛言：佛

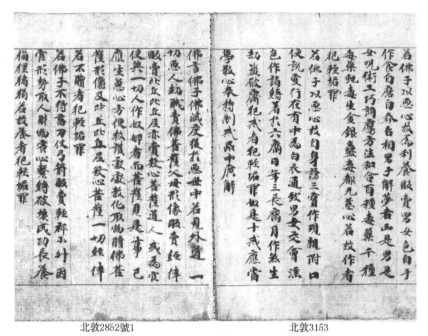

北敦2852號1　　　　　　　　　　北敦3153

▲ 圖 10　北敦 3153（局部）＋北敦 2852 號 1（局部）綴合圖

子，佛滅度後」與北敦 3153 號末句「《制戒品》中廣解」前後銜接，
不缺一字，且上下的欄線對接無間。又二號行款格式相同（天頭地腳
高度等同、有烏絲欄、行距相等、行十七字左右、字體大小相近、字
間距相近），書風相似（橫細豎粗、筆意相連），筆跡似同（比較表 2
所列例字）據此判斷，此二號確為同一寫卷之撕裂，可以綴合為一。

例字 卷號	安	受	解	開	形	於	物	此	越	淫	輕
北敦 3153 號	安	受	解	開	形	於	物	此	越	淫	輕
北敦 2852 號	安	受	解	開	形	於	物	此	越	淫	輕

▲ 表 2　北敦 3153 號與北敦 2852 號 1 用字比較表

又此二號既為一卷之撕裂，而《國圖》敘錄稱北敦 3153 號抄寫於九至十世紀，為歸義軍時期寫本；北敦 2852 號 1 抄寫於八至九世紀，為吐蕃統治時期寫本，時間有出入，顯然有誤。

十一、北敦 11031 號＋北敦 9162 號

(1) 北敦 11031 號（L1160），見《國圖》108 ／ 295A。殘片，存 9 行首三行上殘；末行上端殘缺，中下部左側有殘泐。行間有校加字及殘洞。行約十七字。楷書。有烏絲欄。經黃紙。原卷缺題，《國圖》擬題「梵網經盧舍那佛說菩薩心地戒品第十卷下」。起「□□□□□□□（應請法師講菩薩）▨（戒）經律」句，訖「乃至六親故報」六殘字。相應文字參見《大正藏》T24 ／ 1006B17-1006B26。《國圖》敘錄稱該經抄寫於七至八世紀為唐寫本。

(2) 北敦 9162 號（陶 83），見《國圖》105 ／ 106B。首殘尾缺。存二十行，首行僅存上下端約十字左側殘畫。行約十七字。行間有校加字及殘洞。楷書。有烏絲欄。經黃紙。原卷缺題，《國圖》擬題「梵網經盧舍那佛說菩薩心地戒品第十卷下」。起「況故作七逆之罪」句末二字左側殘畫，訖「以為善友而新學」。相應文字參見《大正藏》T24 ／ 1006B25-1006C17。《國圖》敘錄稱該經抄寫於七至八世紀，為唐寫本。

按：上揭二號內容先後相承，可以綴合。綴合後如圖 11 所示，北敦 11031 號末行與北敦 9162 號首行左右相接，銜接處斷痕吻合無間，原本分屬二號的殘字「之」「薩」「報訕乃至六親故報」等皆得復合為一。又二號用紙及行款格式相同（皆經黃紙、有烏絲欄、行間有校加字及殘洞、天頭地腳等高、行距相等、字體大小相近、字間距相近），書風相似（字體端正、字間距疏朗），筆跡似同（比較兩片皆有的「犯輕垢罪」「佛子」「不」「以」「者」諸字），可見此二號確為同一寫卷之撕裂，可以綴合為一。

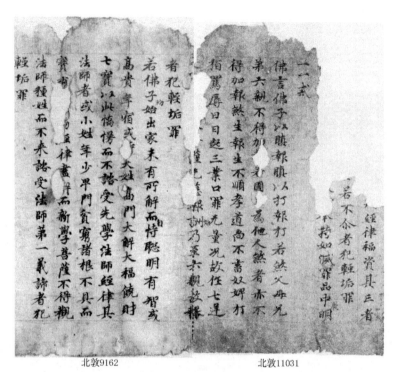

北敦9162　　　　　　北敦11031

▲ 圖11　北敦11031＋北敦9162（局部）綴合圖

十二、北敦14624號＋北敦1406號

(1) 北敦14624號（新824），見《國圖》131／5B-10A。首殘尾缺。存八紙一九〇行，首九行中下殘。行十七字左右。楷書。有烏絲欄。行間有校加字。原卷缺題，《國圖》擬題「梵網經盧舍那佛說菩薩心地戒品第十卷下」。起「□□（亦不）得加報」句，訖「鬼復常掃其腳跡」。相應文字參見《大正藏》T24／1006B23-1009A17。《國圖》敘錄稱該經寫於經黃打紙，抄寫於七至八世紀，為唐寫本，背有古代裱補。

(2) 北敦1406號（北6770；寒6），見《國圖》21／9A-20A。首缺尾全。存二紙四十七行，行十七字左右。楷書。有烏絲欄。行間有校

加字。原卷缺題，《國圖》擬題「梵網經盧舍那佛説菩薩心地戒品第十卷下」。起「一切世人罵言」，訖「心心頂戴，喜躍受持」。相應文字參見《大正藏》T24／1009A17-1009C8。《國圖》敘錄稱該經寫於經黃紙，抄寫於七至八世紀，為唐寫本，背有古代裱補。

　　按：上揭二號內容前後相承，可以綴合。如圖 12 所示，北敦14624 號末句「入房舍城邑宅中，鬼復常掃其腳跡」下接北敦 1406 號首句「一切世人罵言佛法中賊」，前後正好銜接，不缺一字，且銜接處撕裂之跡契合無間。又二號行款格式相同（行十七字左右、有烏絲欄、行間有校加字、天頭地腳等高、字體大小相近、字間距相近、背有古代裱補），書風相似（字體方正、筆墨勻厚、筆畫舒展），筆跡似同（比

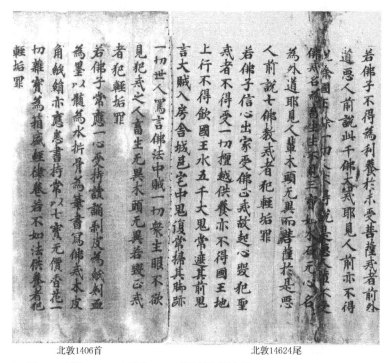

北敦1406首　　　　　　　　　　　　　　北敦14624尾

▲ 圖12　北敦 14624＋北敦 1406（局部）綴合圖

較二號共有的「犯輕垢罪」「若佛子」「戒」「木頭」「一切」「毀」等字）可見此二號確為同一寫卷之撕裂，可以綴合為一。

《國圖》敘錄稱北敦 14624 號用紙為經黃打紙，北敦 1406 號用紙為經黃紙 [10]，今既知此二號可綴合為一，則上述判斷顯然有可進一步修正的餘地。

十三、北敦 10398 號＋北敦 4136 號＋北敦 3895 號

(1) 北敦 10398 號（L0527），見《國圖》107 ／ 282B。殘片，存十一殘行。上部皆殘泐，五、六行下端各缺二到三字。楷書。有烏絲欄。原卷缺題，《國圖》擬題「梵網經盧舍那佛說菩薩心地戒品第十卷下」。起「恃聰明有智」，訖「便得佛菩薩形像前受戒」句前三字。相應文字參見《大正藏》T24 ／ 1006B27-1006C9。《國圖》敘錄稱該經抄寫於九至十世紀，為歸義軍時期寫本。

(2) 北敦 4136 號（北 6742；水 36），見《國圖》56 ／ 178B-180B。首缺尾殘。存四紙一〇五行，首行中部二字右部有殘缺，末行僅存首字捺筆的鋒尖，倒二行行末三字左側殘泐。行約十七字。楷書。有烏絲欄。原卷缺題，《國圖》擬題「梵網經盧舍那佛說菩薩心地戒品第十卷下」。起「便得佛菩薩形像前受戒」句後七字，訖「香爐、漉水囊」句前四字的右側殘畫。相應文字參見《大正藏》T24 ／ 1006C9-1008A15。《國圖》敘錄稱該經抄寫於八至九世紀，為吐蕃統治時期寫本。

(3) 北敦 3895 號（北 6760；金 95），見《國圖》53 ／ 345A-347B。首殘尾全。存五紙一二七行，行約十七字，首行僅存行末三字左側殘畫。尾題「菩薩戒經一卷」。《國圖》擬題「梵網經盧舍那佛說菩薩心

10　方廣錩先生賜告，「經黃紙」是一種麻紙，無簾紋或有極為模糊的簾紋，厚薄均勻，入潢；經黃打紙即經過捶打的經黃紙。

地戒品第十卷下」。楷書。有烏絲欄。起「□（錫）杖、香爐、漉水囊」句（中 5 字右側有殘泐），訖尾題。相應文字參見《大正藏》T24／1008A15-1009C8。《國圖》敘錄稱該經抄寫於八至九世紀，為吐蕃統治時期寫本。

　　按：上揭三號內容相互銜接，如圖 13-1 所示，北敦 4136 號首句「菩薩形像前受戒」與北敦 10398 號末句「得好相已，便得佛」前後銜接，內容契合，不缺一字，且下部的界欄對接無間。

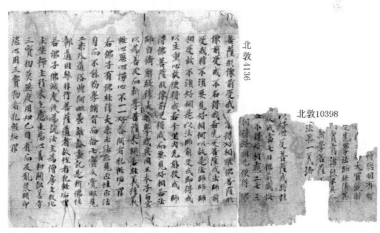

▲ 圖 13-1　北敦 10398＋北敦 4136（局部）綴合圖

　　又北敦 4136 號末部可與北敦 3895 號首部完全銜接，銜接處分屬二片的「香爐」、「漉」、「水」四字可成完璧。綴合示意圖如圖 13-2 所示。

　　又三者行款相同（天頭地腳高度等同、行距相等、有烏絲欄、行約十七字、字體大小相近、字間距相近），書風相似（橫長豎短、筆意相連），筆跡似同（比較三件皆有的「菩薩」「佛」「戒」「相」「不」等字），可為參證。故三者乃同一寫卷之撕裂無疑。

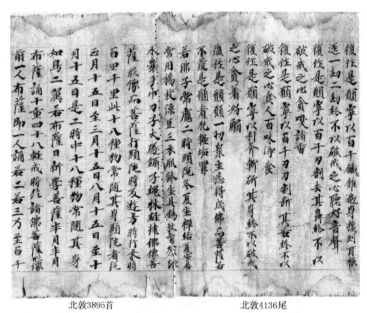

北敦3895首　　　　　　　　　　　北敦4136尾

▲ 圖 13-2　北敦 4136（局部）＋北敦 3895（局部）綴合圖

十四、北敦 11410 號＋北敦 11404 號＋北敦 5645 號

(1) 北敦 11410 號（L1539），見《國圖》109／185B。殘片，存五殘行，每行底端殘泐約四字；首行存中下部十一字左側大半；次行存十九字，但上端六字僅存左側殘畫；末行存十八字，但左側多有殘泐。楷書。有烏絲欄。原卷缺題，《國圖》擬題「梵網經盧舍那佛說菩薩心地戒品第十卷下」。起「當七日佛前懺悔」七字左側大半，訖「▨（故）不須好▨（相）」。相應文字參見《大正藏》T24／1006C6-1006C12。《國圖》敘錄稱殘片為唐麻紙，抄寫於七至八世紀，為唐寫本。

(2) 北敦 11404 號（L1533），見《國圖》109／182B。殘片，存五殘行，每行存上部九至十三字不等（首行僅存約十三字左側殘畫）。楷書。有烏絲欄。原卷缺題，《國圖》擬題「梵網經盧舍那佛說菩薩心地

戒品第十卷下」。起「見好相，何以故」六字左側殘畫，訖「來問經義、▨□）（律義）」。相應文字參見《大正藏》T24／1006C12-1006C17。《國圖》敘錄稱殘片為經黃紙，抄寫於七至八世紀，為唐寫本。

（3）北敦 5645 號（北 6743；李 45），見《國圖》76／24B-25A。首尾均殘。存二紙三十九行，前二十行下殘，尾十三行上殘（後三行僅存中下部四五字）。行二十二字左右。楷書。有烏絲欄。原卷缺題，《國圖》擬題為「梵網經盧舍那佛說菩薩心地戒品第十卷下」。起「□□□□□（不一一好答）問者，犯輕垢罪」，訖「長養貓狸豬狗」句「豬」字及「貓狸」「狗」三殘字。相應文字參見《大正藏》T24／1006C18-1007B13。《國圖》敘錄稱該經抄寫於八至九世紀，為吐蕃統治時期寫本。該號用紙《國圖》敘錄未作交代。

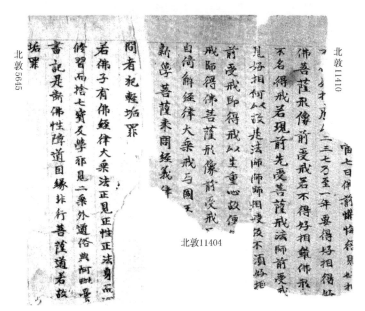

▲ 圖 14　北敦 11410＋北敦 11404＋北敦 5645（局部）綴合圖

　　按：上揭三件斷痕吻合無間，內容左右相接，當可綴合。綴合後如圖 14 所示，北敦 11410 號末行存字左側多有殘泐，而北敦 11404 號首行存上部諸字左側殘畫，二者綴合，可以拼合成基本完整的「見好相，何以故？是法師，師師相授」十三字。

　　又北敦 11404 號後部可與北敦 5645 號綴合，前者末行存上部「新學菩薩來問經義、律□（義）」九字，而後者首行為「問者，犯輕垢罪」，比勘完整文本，其間缺「義、輕心、噁心、慢心不一一好答」十二字，正是前者末行下部殘缺的文字，二者綴合，則先後銜接，密合無間。

　　又上揭三號行款格式相同（天頭等高、有烏絲欄、行距相等、字體大小相近、字間距相近），書風相似（字體方正、筆墨濃重、字間距疏朗），筆跡似同（比較表 3 例字），據此判斷，此三號確為同一寫卷之撕裂，可以綴合為一。《國圖》敘錄稱北敦 11410 號、北敦 11404 號為七至八世紀唐寫本，北敦 5645 號為九至十世紀歸義軍時期寫本；又稱北敦 11410 號為唐麻紙，北敦 11404 號為經黃紙，今既知三號可綴合為一，則其判斷顯然有誤。

例字 卷號	佛	菩	薩	受	戒	得	相	學
北敦 11410 號	佛	菩	薩	受	戒	得	相	/
北敦 11404 號	佛	菩	薩	受	戒	得	/	學
北敦 5645 號	佛	菩	薩	受	戒	得	相	學

▲ 表 3　北敦 11410，11404 號與北敦 5645 號用字比較表

十五、北敦 11799 號＋北敦 8081 號

(1) 北敦 11799 號（L1928），見《國圖》110／80B。殘片。存十二行，前三行有殘泐，末行僅存右側殘畫。行十七字。楷書。有烏絲欄。原卷缺題，《國圖》擬題「梵網經盧舍那佛說菩薩心地戒品第十卷下」。起「□□（即取）十方僧物入己」左側殘畫，訖「和百種毒藥千種毒藥」句中七字右側殘畫。相應文字參見《大正藏》T24／1007A14-1007A26。《國圖》敘錄稱該經寫於經黃打紙，抄寫於七至八世紀為唐寫本。

(2) 北敦 8081 號（北 6748；字 81），見《國圖》100／248A-249A。首殘尾缺。存二紙六十七行。首五行下殘，首行僅存上端十字，左側略有殘泐。行十七字。楷書。有烏絲欄。卷中「地」「人」「正」或用武周新字。原卷缺題，《國圖》擬題「梵網經盧舍那佛說菩薩心地戒品第十卷下」。起「是男是女」句「女」字，訖「誦十重四十八輕戒」句

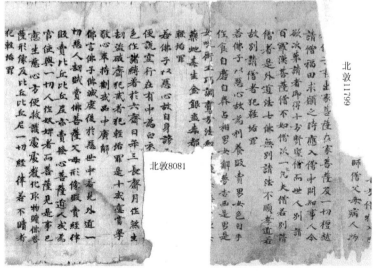

▲ 圖 15　北敦 11799＋北敦 8081（局部）綴合圖

「誦」字。相應文字參見《大正藏》T24／1007A25-1008A21。《國圖》敘錄稱該經寫於經黃紙，抄寫於九至十世紀，為歸義軍時期寫本。

按：上揭二號內容前後相承，可以綴合。綴合後如圖 15 所示，銜接處原本分屬二號的「女呪術工巧調鷹方法和」十字復合為一，嚴絲合縫。又二號行款格式相同（天頭地腳等高、有烏絲欄、行十七字、字體大小相近、字間距相近）、書體、筆跡似同（比較表 4 所舉例字），可證此二號確為同一寫卷之割裂，可以綴合為一。

例字 卷號	輕	垢	惡	切	男	顧
北敦 11799 號	輕	垢	惡	切	男	顧
北敦 8081 號	輕	垢	惡	切	男	顧

▲ 表 4　北敦 11799 號與北敦 8081 號用字比較表

又《國圖》敘錄稱北敦 11799 號寫於經黃打紙，為七至八世紀唐寫本；北敦 8081 號寫於經黃紙，為九至十世紀歸義軍時期寫本；今既知二號可綴合為一，則其判斷顯然有誤。考北敦 8081 號有「埊」「𡼥」「𡕀」三個武周新字，但卷中「年」「月」「日」又不作新字，「地」「人」亦有不作新字者，則作武后新字者當係沿襲武周時期抄本原有的字形，則本卷的抄寫時間必在武后退位（唐中宗神龍元年，705）以後，其時間或在八至九世紀。

十六、北敦 883 號＋俄敦 2483 號

(1) 北敦 883 號（北 6754；盈 83），見《國圖》13／13B-17A。首殘尾缺。存七紙一六七行，首十四行上中殘。行約十七字。楷書。有烏

絲欄。行間有校加字和硃筆斷句。原卷缺題，《國圖》擬題「梵網經盧舍那佛說菩薩心地戒品第十卷下」。起「□▨（處處）教化」，訖「若故作者，犯輕垢罪」。相應文字參見《大正藏》T24／1007B9-1009B23。《國圖》敘錄稱該經抄寫於七至八世紀，為唐寫本。

　　(2) 俄敦 2483 號，見《俄藏》9／221B。殘片。存十五殘行，末行僅存尾題「梵網經」三字右側殘畫。每行存上端二到八字不等。楷書。有烏絲欄。行間有硃筆標點。《俄藏》擬題「梵網經卷下」。起「如是九戒應當▨（學）」，訖尾題。相應文字參見《大正藏》T24／1009B24-1009C7 孟列夫主編《俄藏敦煌漢文寫卷敘錄》稱該經抄寫於八至十世紀。

　　按：上揭二號內容前後相承，可以綴合。綴合後如圖 16 所示，北敦 883 號末行「若故作者，犯輕垢罪」與俄敦 2483 號首行「如是九戒，應當▨（學）」內容前後相承，密合無間。又二號行款格式相同（天頭高度相同、行間有硃筆標記、有烏絲欄、行距相等、字體大小相近、

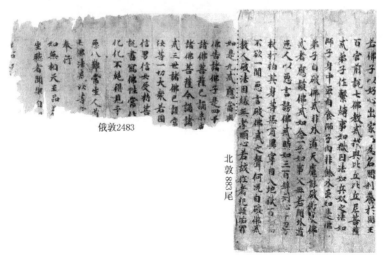

俄敦2483

北敦883尾

▲ 圖16　北敦 883（局部）＋俄敦 2483 綴合圖

字間距相近），書風相似（筆畫規整），筆跡似同（比較二者共有的「佛子」「菩薩」「戒」「如」「若」「常」「者」等字），可資參證。綴合後可擬題「梵網經盧舍那佛説菩薩心地戒品第十卷下」。

十七、北敦 5872 號＋羽 87 號 1

(1) 北敦 5872 號（北 6751；菜 72），見《國圖》79／119A-122B。首尾均殘。存七紙一四七行。首二行中下殘。行約十七字。楷書。有烏絲欄。行間有校加字。原卷缺題，《國圖》擬題「梵網經盧舍那佛説菩薩心地戒品第十卷下」。起「若佛子，不得畜□□□▨（刀仗弓箭）」，訖「而故作破法者，犯輕垢罪」。相應文字參見《大正藏》T24／1007B11-1009B13。《國圖》敘錄稱原卷用紙為經黃紙，抄寫於七至八世紀，為唐寫本。

(2) 羽 87 號 1，見《秘笈》1／509。首殘尾全。存二十三行。行約十七字。首二行下端稍有殘缺。楷書。有烏絲欄。行間有校加字。起「若佛子，以好心出家」，訖尾題「梵網經盧舍那佛説菩薩十重四十八輕戒」。相應文字參見《大正藏》T24／1009B14-1009C8。後接抄《菩薩安居及解夏自恣法》。《秘笈》連同後者一併擬題為「梵網經盧舍那佛説菩薩心地戒品第十卷下」。《秘笈》敘錄稱原卷用紙為穀紙。

按：上揭二號內容前後相承，可以綴合。綴合後如圖 17 所示，北敦 5872 號末句「而故作破法者，犯輕垢罪」與羽 87 號 1 首句「若佛子，以好心出家，而為名聞利養」前後銜接，中無缺字。又二號行款格式相同（皆有烏絲欄、行約十七字、行間有校加字、行距相等、字體大小相等），書風相似（字體方正、筆墨濃重），筆跡似同（比較表 5 所列例字），可資參證。

上揭二號既綴合為一，《國圖》敘錄稱北敦 5872 號為抄寫於七至八世紀的唐寫本，如果這一推斷可信，則羽 87 號當亦為同一時期的寫

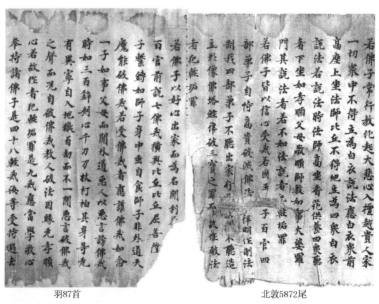

羽87首　　　　　　　　　　　　　　北敦5872尾

▲ 圖 17　北敦 5872（局部）＋羽 87（局部）綴合圖

卷號 ＼ 例字	作	子	開	戒	流	无	尼	汝
北敦 5872 號	作	子	開	戒	流	无	尼	汝
羽 87 號	作	子	開	戒	流	无	尼	汝

▲ 表 5　北敦 5872 號與羽 87 號用字比較表

本；又《國圖》敘錄稱北敦 5872 號為經黃紙，《秘笈》敘錄則稱羽 87
號為穀紙，二説亦應有一誤。

　　又羽 87 號有「李盛鐸合家眷屬供養」「李滂」「敦煌石室秘笈」
印章。按李滂係李盛鐸之子。如眾所知，近人李盛鐸（1858-1937）曾
從甘肅押運入京的敦煌寫卷中攫取部分精華，李氏晚年又把這批盜取

的寫卷售諸日本，即現今刊行的《敦煌秘笈》的主體部分。據說李氏夥同押運者盜取寫卷時曾把部分卷子截為數段以充數。羽 87 號末尾有經題，正屬於原卷中的精華部分，極可能就是李氏當年從北敦 5872 號上截取的。北敦 5872 號與羽 87 號的成功綴合，為李氏當年撕裂截取敦煌寫卷提供了新的證據，李氏的醜陋行徑將進一步遭到國人的同聲譴責。

十八、北敦 4183 號＋北敦 4168 號

(1) 北敦 4183 號（北 6763；水 83），見《國圖》56／360A-360B。首尾均殘。存三紙三十九行。首行僅存上端四字左側殘畫，次行下殘；末行第六字開始左側有殘泐（殘泐漸次增大）。行約十七字。楷書。有烏絲欄。原卷缺題，《國圖》擬題「梵網經盧舍那佛說菩薩心地戒品第十卷下」。起「▨▨▨▨□□□□（後受戒者次第而坐）」，訖「若到禮三世千佛」句前六殘字。相應文字參見《大正藏》T24／1008B5-1008C15。《國圖》敘錄稱該經抄寫於九至十世紀，為歸義軍時期寫本。

(2) 北敦 4168 號（北 6767；水 68），見《國圖》56／306A-307B。首殘尾缺。存三紙六十七行，首行上端五字缺，第六字開始存左側殘畫（所存筆畫漸次增多）。行約十七字。楷書。有烏絲欄。原卷缺題，《國圖》擬題「梵網經盧舍那佛說菩薩心地戒品第十卷下」。起「日夜六時誦十重四十八輕戒」句「誦」以下各字左側殘畫，訖「化化不絕」句前一「化」字，尾有餘空，未抄完。相應文字參見《大正藏》T24／1008C15-1009C2。《國圖》敘錄稱該經抄寫於九至十世紀，為歸義軍時期寫本。

按：上揭二號內容前後相承，可以綴合。綴合後如圖 18 所示，原本分屬兩片的「誦十重四十八輕戒，若到礼三世千」十四字得成完璧，天衣無縫；上下欄線亦銜接無間。又二號行款格式相同（天頭地腳等高、有烏絲欄、行約十七字、行距相等、字體大小相近、字間距相

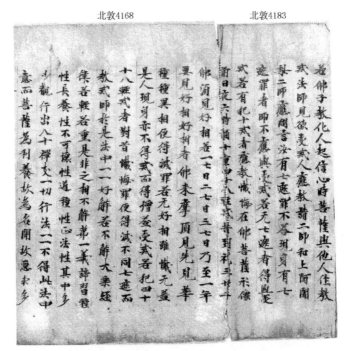

▲ 圖 18　北敦 4183（局部）＋北敦 4168（局部）綴合圖

近），書風相近（字形方正、筆墨濃重），筆跡似同（比較二號皆有的「犯輕垢罪」「若佛子」「戒」「菩薩」「律」等字）可資參證。

十九、北敦 6722 號＋北敦 6666 號

(1) 北敦 6722 號（北 6766；潛 22），見《國圖》93／37B-38A。首尾均殘。存二紙三十三行，首五行下殘，首行中部八字右側有少許殘泐；末行三到七字左側有殘泐。行約十七字。楷書。背有古代裱補。原卷缺題，《國圖》擬題「梵網經盧舍那佛説菩薩心地戒品第十卷下」。起「身所著衣」句「著衣」二字，訖「而菩薩於是惡人前説七佛教戒者」句前五字。相應文字參見《大正藏》T24／1008B27-1009A11。《國圖》敘錄稱該經抄寫於九至十世紀，為歸義軍時期寫本。

(2) 北敦 6666 號（北 6769；鱗 66），見《國圖》92／90A-91B。首

殘尾全。存三紙五十三行，首行諸字右側筆畫殘泐。行約十七字。楷書。背有古代裱補。起「惡人前說七佛教戒者，犯輕垢罪」左側殘畫，訖尾題「菩薩戒卷」。《國圖》擬題「梵網經盧舍那佛說菩薩心地戒品第十卷下」。相應文字參見《大正藏》T24／1009A12-1009C8。《國圖》敘錄稱該經抄寫於九至十世紀，為歸義軍時期寫本。

　　按：上揭二號內容前後相承，可以綴合。綴合後如圖19所示，北敦6722號末行行末的「而菩薩於是」與北敦6666號首句「惡人前說七佛教戒者，犯輕垢罪」句先後銜接，中無缺字。又二號抄寫行款格式相同（天頭地腳等高、行約十七字、行距相等、字體大小相近、字間距相近、卷背皆有古代裱補），書風相似（字體纖細、常有曲筆）筆跡似同（比較表6例字），其為同一寫卷之撕裂無疑，當可綴合為一。

　　又《國圖》敘錄稱北敦6722號有烏絲欄，而北敦6666號下則稱有「摺疊欄」，圖版本欄線不清，今既知此二號乃一卷之撕裂，則《國圖》敘錄的表述當有一誤。

北敦6666首　　　　　　　　　　北敦6722尾

▲ 圖19　北敦6722（局部）＋北敦6666（局部）綴合圖

例字 卷號	切	遮	在	戒	菩	寶
北敦 6722 號	切	遮	在	戒	菩	寶
北敦 6666 號	切	遮	在	戒	菩	寶

▲ 表 6　北敦 6722 號與北敦 6666 號用字比較表

　　上面我們通過內容、行款、書風、書跡等不同角度的比較分析，把 54 號《梵網經》殘卷或殘片綴合為十九組，其中國圖殘卷多達 46 號，並且絕大多數是本文首次綴合的，這充分說明中國國家圖書館藏敦煌文獻的殘卷綴合確實有大量工作可做，綴合任務極為繁重。同時，還有四組是國圖藏卷與俄藏、日本藏卷綴合的，通過本文的綴合，不但使散失的「骨肉」得以團聚，也進一步凸顯了作為「劫餘之物」的國圖殘卷加強與其他館藏敦煌文獻比勘、綴合、匯校工作的重要性。另外，敦煌殘卷的綴合可以在寫卷定名、斷代、紙張鑑別等方面提供直接的幫助。當一個殘卷或殘片與另一個或若干個殘卷或殘片綴合以後，原本模糊不清的信息便會突然清晰起來。如上文討論的北敦 11213 號殘片，僅存四殘行，無題，所存文句既見《菩薩戒本疏》，又見《梵網經》，《國圖》定為《菩薩戒本疏》卷下；現在我們發現該殘片可與北敦 4351 號殘卷綴合，而後者的文句僅與《梵網經》相合，毫無疑問為《梵網經》殘卷，自然，可與之綴合的北敦 11213 號同樣也就只能是《梵網經》殘片了。又如北敦 11410 號、北敦 11404 號均為《梵網經》殘片，《國圖》敘錄稱前者用紙為唐麻紙，後者用紙為經黃紙，現在我們發現該二殘片可以完全綴合，則《國圖》敘錄關於該二號用紙的判斷顯然就有了問題。又如北敦 11799 號《梵網經》殘片，

《國圖》敘錄稱抄寫於七至八世紀，為唐寫本；北敦 8081 號《梵網經》殘卷，《國圖》敘錄稱抄寫於九至十世紀，為歸義軍時期寫本；現在我們發現該二殘片可以完全綴合，則《國圖》敘錄關於該二號抄寫時代的判斷顯然也就有了問題。

　　總之，敦煌殘卷的綴合是寫本定名、斷代、整理乃至進一步的研究工作的基礎，基礎不牢，地動山搖。然而這項工作卻是目前整個敦煌學研究中最薄弱的環節之一，有待於我們投入更多的人力去抓緊進行。

參考文獻

張涌泉《俄敦 18974 號等字書碎片綴合研究》，《浙江大學學報》2007 年第 3 期，第 26-35 頁。

張涌泉、張新朋《敦煌殘卷綴合研究》，《文史》2012 年第 3 輯，第 313-330 頁。

張涌泉、羅慕君《敦煌本〈八陽經〉殘卷綴合研究》，《中華文史論叢》2014 年第 2 期，第 239-278 頁。

（本篇與孟雪合寫，原載《出土文獻與古文字研究》第 6 輯，上海：上海古籍出版社，2015 年）

地域文化研究叢書·敦煌文化研究叢刊　A0204011

敦煌文獻整理導論　上冊

作　　者　張涌泉

版權策畫　李煥芹

責任編輯　曾湘綾

發 行 人　陳滿銘

總 經 理　梁錦興

總 編 輯　陳滿銘

副總編輯　張晏瑞

編 輯 所　萬卷樓圖書股份有限公司

排　　版　菩薩蠻數位文化有限公司

印　　刷　維中科技有限公司

封面設計　菩薩蠻數位文化有限公司

出　　版　昌明文化有限公司

桃園市龜山區中原街 32 號

電話　(02)23216565

發　　行　萬卷樓圖書股份有限公司

臺北市羅斯福路二段 41 號 6 樓之 3

電話　(02)23216565

傳真　(02)23218698

電郵　SERVICE@WANJUAN.COM.TW

大陸經銷

廈門外圖臺灣書店有限公司

　　電郵　JKB188@188.COM

ISBN 978-986-496-457-4

2019 年 3 月初版

定價：新臺幣 360 元

如何購買本書：

1. 轉帳購書，請透過以下帳戶

　合作金庫銀行　古亭分行

　戶名：萬卷樓圖書股份有限公司

　帳號：0877717092596

2. 網路購書，請透過萬卷樓網站

　網址　WWW.WANJUAN.COM.TW

大量購書，請直接聯繫我們，將有專人為您

服務。客服：(02)23216565 分機 610

如有缺頁、破損或裝訂錯誤，請寄回更換

版權所有·翻印必究

Copyright©2019 by WanJuanLou Books CO., Ltd.

All Right Reserved　　　　　**Printed in Taiwan**

國家圖書館出版品預行編目資料

敦煌文獻整理導論　上冊 / 張涌泉著.-- 初

版.-- 桃園市：昌明文化出版；臺北市：萬

卷樓發行, 2019.03

　冊 ；　公分

ISBN 978-986-496-457-4(上冊 ： 平裝). --

1.敦煌學　2.文獻學

797.9　　　　　　　　　　　　108003197

本著作物經廈門墨客知識產權代理有限公司代理，由浙江大學出版社授權萬卷樓圖書股

份有限公司出版、發行中文繁體字版版權。

本書為金門大學產學合作成果。　　　　　　　校對：武玉珊　華語文學系四年級